Valentin Dessoy, Gundo Lames (Hrsg.)

Regina Nagel
# Frauen und Führung in der katholischen Kirche

Erfahrungen, Einstellungen, Interessen und Kompetenzen von Frauen im pastoralen Dienst
*Eine empirische Studie*

Valentin Dessoy, Gundo Lames (Hrsg.)

**Gesellschaft und Kirche – Wandel gestalten, Band 3**

Regina Nagel

# Frauen und Führung in der katholischen Kirche

Erfahrungen, Einstellungen, Interessen und Kompetenzen von Frauen im pastoralen Dienst
*Eine empirische Studie*

paulinus

Bibliografische Information der Deutschen Nationalbibliothek
Die Deutsche Nationalbibliothek verzeichnet diese Publikation
in der Deutschen Nationalbibliografie; detaillierte bibliografische
Daten sind im Internet unter http://dnb.d-nb.de abrufbar.

1. Auflage 2013
© Paulinus Verlag GmbH, Trier
Alle Rechte vorbehalten. Printed in Germany.
Satz & Herstellung: Paulinus Verlag GmbH
ISBN 978-3-7902-1823-7
www.paulinus-verlag.de

# Inhaltsverzeichnis

|  |  |  |
|---|---|---|
|  | Vorwort............................................................... | 9 |
|  | Abstract .............................................................. | 11 |
| 1 | **Kapitel 1**<br>**„Es ist halt so von Gott gegeben!" – Das Problem**............... | 13 |
| 2 | **Kapitel 2**<br>**Führung, Frauen, Kirche – Ein No-Go?** ........................ | 17 |
| 2.1 | Führung –frauenspezifisch betrachtet........................ | 17 |
| 2.1.1 | Führungstheorien................................................ | 17 |
| 2.1.2 | Frauen und Führung............................................. | 21 |
| 2.1.3 | Frauen und Männer im Vergleich............................ | 23 |
| 2.2 | Kirche in der Krise .............................................. | 27 |
| 2.3 | Frauen und Führung in der katholischen Kirche.......... | 30 |
| 2.3.1 | Rolle und Stellung der Frau in der katholischen Kirche.......... | 30 |
| 2.3.2 | Frauen in kirchlichen Führungspositionen ................. | 32 |
| 2.3.3 | Hauptberufliche Mitarbeiterinnen in der Pastoral....... | 34 |
| 2.3.3.1 | Die Berufe der Gemeinde- und Pastoralreferentin...... | 34 |
| 2.3.3.2 | Aktuelle Situation und Herausforderungen................ | 36 |
| 3 | **Kapitel 3**<br>**Interviews und Befragung – Die empirische Untersuchung** | 39 |
| 3.1 | Interviews mit Frauen in kirchlichen Führungspositionen........ | 39 |
| 3.2 | Befragung von Gemeinde- und Pastoralreferentinnen.............. | 43 |
|  | 3.2.1 Verlauf der Befragung................................... | 44 |
|  | 3.2.2 Fragestellungen und Hypothesen..................... | 45 |
| 4 | **Kapitel 4**<br>**Reflektiert und differenziert – Die Ergebnisse** ................... | 53 |
| 4.1 | Details zur Untersuchungsstichprobe........................ | 53 |
| 4.2 | Details der Befragungsergebnisse............................ | 57 |

| | | |
|---|---|---|
| 4.2.1 | Erfahrung, Kompetenzen, Interesse und Motive............ | 57 |
| 4.2.2 | Entscheidungskriterien und Chancen............................ | 62 |
| 4.2.3 | Geschlechtsspezifika...................................................... | 65 |
| 4.2.4 | Hürden und Hindernisse................................................ | 67 |
| 4.2.5 | Weibliche Schwerpunktsetzungen................................. | 72 |
| 4.2.6 | Maßnahmen zur Erhöhung des Frauenanteils................ | 73 |
| 4.3 | Zusammenfassung der Ergebnisse.................................. | 74 |
| **5** | **Kapitel 5** | |
| | **Selbstbewusst, motiviert und auf dem Sprung – Bewertung** | **77** |
| 5.1 | Bereit, Verantwortung zu übernehmen........................... | 77 |
| 5.2 | Motiviert, die Zukunft von Kirche zu gestalten.............. | 80 |
| 5.3 | Realistisch, was die geforderte Loyalität und Identifikation betrifft.......................................................... | 81 |
| 5.4 | Ambivalent im Blick auf spezifisch weibliche Kompetenzen ... | 82 |
| 5.5 | Empört über die Ungleichbehandlung............................ | 84 |
| 5.6 | Geprägt von Sozialisation und Arbeitskontexten........... | 86 |
| 5.7 | Teilhabe auf Augenhöhe erwartend............................... | 88 |
| **6** | **Kapitel 6** | |
| | **Konsequenzen** ...................................................... | **89** |
| 6.1 | Kirche am Scheideweg................................................... | 89 |
| 6.2 | Frauen, Führung, Kirche – Partizipation oder Trennung........... | 90 |
| 6.3 | Kultur, Sozialgestalt und Rollenarchitektur – Wandlung tut Not! ............................................................................. | 92 |
| 6.4 | Kurz- und mittelfristige Einsatzfelder............................ | 94 |
| 6.4.1 | Kurzfristige Maßnahmen............................................... | 94 |
| 6.4.2 | Seelsorge und ihre Organisation in kleinen Organisationseinheiten............................................................................ | 95 |
| 6.4.3 | Steuerung und Entwicklung in pastoralen Räumen................. | 96 |
| **7** | **Resümee** ................................................................ | **99** |

**Abkürzungsverzeichnis** .............................................................. 101

**Abbildungsverzeichnis** .............................................................. 102

**Tabellenverzeichnis** .................................................................. 103

**Literaturverzeichnis** ................................................................. 104

# Vorwort

In der Grundschule war ich die Beste in Religion. Dies führte dazu, dass der unterrichtende Pfarrer den Jungs sagte, sie sollten sich schämen, und meinen Eltern, dass es sehr bedauerlich sei, dass ich ein Mädchen sei, denn sonst hätte man aus mir einen Priester machen können. Diese Kindheitserinnerung ist weniger tragisch als sie klingt, denn ich habe es nie bedauert, ein Mädchen bzw. eine Frau zu sein, und ich wollte nie Priesterin werden. Manche Regelungen der katholischen Kirche fand ich, sobald ich in der Lage war, diese zu reflektieren, immer schon etwas merkwürdig, und Ungleichbehandlung von Frauen und Männern in Kirche und Gesellschaft absolut nicht in Ordnung.

Nicht persönliches Verletztsein ist die Grundlage meines Interesses am Thema 'Frauen und Führung in der katholischen Kirche', sondern jahrelange Beobachtung und Reflexion von Vorgängen in der katholischen Kirche und der zunehmenden Verschärfung der Krise dieser Organisation, zumindest, was den deutschsprachigen Raum anbelangt.

Konkreter Anlass für die vorliegende Untersuchung waren interessante Gespräche mit Frauen in kirchlichen Führungspositionen und die Beobachtung, dass es durchaus seit einigen Jahren Bischöfe gibt, die gerne mehr Frauen in kirchliche Führungspositionen bringen möchten, sich aber schwer tun, Frauen zu finden, die dazu tatsächlich bereit sind. Hier etwas genauer hinzuschauen, wie es um Motivation, Interessen und Vorbehalte von Frauen bestellt ist, schien mir ein interessantes Thema für eine empirische Erhebung zu sein.

Ich selbst bin seit fast 30 Jahren Gemeindereferentin und kann somit als Insiderin auf zahlreiche Erfahrungen unterschiedlichster Art zurückblicken. Jahrelang waren Tätigkeitsfelder wie die Erteilung von Religionsunterricht, Begleitung Ehrenamtlicher oder auch Gestaltung von Gottesdiensten bis hin zu regelmäßigem Predigtdienst meine Aufgaben. Vor etwa 15 Jahren hat eine Zusatzausbildung in Gemeindeberatung und Organisationsentwicklung dazu geführt, dass ich im Berufsalltag, in meinen zunehmend verantwortungsvolleren Wahlämtern auf Mitarbeiterseite, wie auch nebenberuflich zusätzliche Kompetenzen entwickeln und nutzen konnte. Aus dieser Praxis heraus nun noch Wirtschaftspsychologie zu studieren fand ich sehr interessant und ich habe die Pflicht, eine Bachelorthesis schreiben zu müssen, gerne genutzt, eine der aktuellen Fragestellungen in der katholischen Kirche in Deutschland etwas näher in Augenschein zu nehmen.

Ein paar Tage vor dem Abgabetermin fand nun am 20.02.2013 ein Studientag der Deutschen Bischofskonferenz eben zum Thema 'Das Zusammenwirken von Frauen und Männern im Dienst und Leben der Kirche' statt. Neben einigen Referentinnen erläuterte auch Kardinal Walter Kasper in einem Vortrag seine Sichtweise dazu. Er blieb dabei, wie zu erwarten gewesen war, ganz im Rahmen bisheriger lehramtlicher Vorgaben. Interessant finde ich, dass er gegen Ende seines Vortrags sagte, dass seiner Einschätzung nach weder von Rom, noch von der Bischofskonferenz entscheidende Antworten auf drängende Fragen kommen werden, sondern wohl eher überraschend von „prophetischen, charismatischen, heiligen Frauen".[1] Vielleicht, so seine Überlegung, brauche es wieder eine apostola apostolorum wie Maria von Magdala, die – übereinstimmend in allen Evangelien –am Ostermorgen als erste dem auferstandenen Jesus begegnet war und in seinem Auftrag die Apostel aus ihrer Lethargie aufgeweckt und in Bewegung gesetzt hatte.[2]

Möglicherweise, so denke ich, wenn ich mir die im Rahmen der Studie durchgeführten Interviews mit Frauen in kirchlichen Führungspositionen in Erinnerung rufe, gibt es solche Frauen schon lange und es ist eher die Frage, wer sich aufwecken lassen will.

24. Februar 2013<br>
Regina Nagel

---

[1] Kasper 2013, 13.
[2] Ebd.

# Abstract

Die vorliegende Arbeit beschäftigt sich mit der Motivation, den Kompetenzen und Interessen, wie auch den Problemanzeigen und Chancen von Frauen im Hinblick auf Führungspositionen in der katholischen Kirche. Die verschiedenen Aspekte werden auf der Grundlage aktueller Literatur, sowie Erkenntnissen aus Interviews mit Führungsfrauen in der katholischen Kirche und Ergebnissen einer bundesweiten Befragung unter Gemeinde- und Pastoralreferentinnen diskutiert.

Dass Frauen in der katholischen Kirche nach wie vor strukturell benachteiligt sind und diesbezüglich Veränderung fordern ist offensichtlich. Es reicht jedoch nicht mehr aus, wenn seitens der Kirchenleitung vorsichtig versucht wird, Spielräume für qualifizierte Frauen zu erweitern, um damit beispielsweise einen Personalmangel im Bereich der Priester auszugleichen. Es geht nicht nur um die Einführung einer Frauenquote, sondern darum, dass Kirche sich auf der Grundlage der Botschaft des Evangeliums für radikale, zukunftsweisende Veränderungen entscheidet, um vorbehaltlose Gleichwertigkeit von Männern und Frauen in der Kirche zu ermöglichen. Das Thema „Frauen und Führung" ist dabei einer von mehreren Aspekten.

Viele Frauen, gerade auch die im Kerngeschäft von Kirche eingesetzten Seelsorgerinnen, schätzen sich selbst als führungserfahren und -kompetent ein und sind bereit, in Führungspositionen zukunftsorientierte Veränderung der – zumindest im deutschsprachigen Raum – krisengeschüttelten katholischen Kirche mit zu gestalten. Sie betonen, dass eine Zulassung von Frauen zu Ämtern allein nicht ausreicht, sondern dass die Ämterstruktur bzw. die Organisationsgestalt der Kirche in heutiger Zeit insgesamt hinterfragt, theologisch neu durchdacht und reformiert werden muss.

# Kapitel 1
# „Es ist halt so von Gott gegeben!?"[3] – Das Problem

> „Maria Magdalena ging und verkündete den Jüngern: ‚Ich habe den Herrn gesehen', und dies habe er ihr gesagt" (Joh 20, 18)

In einer bereits 1981 veröffentlichten Verlautbarung der Deutschen Bischofskonferenz zur Stellung der Frau in Kirche und Gesellschaft ist zu lesen: „Die Kirche soll Modell für das gleichwertige und partnerschaftliche Zusammenleben und -wirken von Männern und Frauen sein."[4] Zitiert man dies heute, im Jahr 2013, löst es bei denen, die noch nie davon gehört haben, ungläubiges Staunen aus, und bei denen, die sich erinnern, ein bedauerndes Schulterzucken. Kirche als Modell für Gleichwertigkeit von Mann und Frau? Dieses Ziel wurde in den vergangenen 30 Jahren weder erreicht, noch überhaupt ernsthaft angestrebt. Im Gegenteil, viele beklagen, dass sie eher Rück- als Fortschritte wahrnehmen. Viele Facetten der Organisation und Gemeinschaft 'Katholische Kirche' könnten dazu in den Blick genommen werden – in der vorliegenden Arbeit geht es vor allem darum, das Thema „Frauen und Führung" näher zu beleuchten und dabei vor allem die Erfahrungen, Motive und Interessen von Seelsorgerinnen in den Blick zu nehmen.

Für die katholische Kirche gilt mindestens ebenso, wie für viele andere Unternehmen, dass Frauen in Führungspositionen deutlich unterrepräsentiert sind. Hinzu kommt, dass Frauen eher zurückhaltend sind, was Karriereinteressen anbelangt. Möglicherweise liegt die Zurückhaltung katholischer Frauen nicht nur an den begrenzten Möglichkeiten und an restaurativen Tendenzen kirchlichen Amtsträger, die Frauen eher in die zweite oder dritte Reihe verweisen, sondern auch an einem starken Bedürfnis nach Selbstschutz vor (weiteren) abwertenden Erfahrungen. Viele Frauen, die in der Kirche tätig sind – auch in Leitungspositionen – verfügen über eine soziale, administrative, betriebswirtschaftliche oder juristische Grundqualifikation, die sie auch in anderen Unternehmen erfolgversprechend einsetzen könnten. Ihnen stehen Karrieremöglichkeiten in und außerhalb der Kirche offen, meist ohne dabei in direkter Konkurrenz zu Priestern zu stehen. Anders sieht es aus für Frauen, die sich für ein Theologie- oder Religionspädagogikstudium entschieden haben. Ein derartiges Studium führt in der Regel zu einer Anstellung in der katholischen Kirche. Die

---

[3] Zitat aus einem der zurückgesandten Fragebögen: *„Meine Tochter (9 J.) versteht in keinster Weise, warum sie alles werden kann, nur nicht Priester. Sie hat diesbezüglich auch schon an den Papst geschrieben, es kam aber nur eine Standard-Antwort zurück (das sei halt so von Gott gegeben)."*
[4] DBK 1981, 19.

Chancen, außerhalb eine angemessene Stelle zu bekommen, stehen eher schlecht. Wer allerdings ein solches Studium absolviert, hat meistens auch den Wunsch, ganz gezielt in der Seelsorge zu arbeiten.

Frauen können (wie auch Männer, die sich für Partnerschaft und Familie entschieden haben)nach geltendem kirchlichen Recht[5] trotz entsprechender Ausbildung keine Priesterweihe empfangen. Damit sind Führungspositionen oder Chefposten, wie z.B. Pfarrerin, Dekanin, Generalvikarin oder Bischöfin, von vorn herein unerreichbar. Unterhalb der Ebene des Pfarrers und außerhalb des Kernbereichs der territorialen Pastoral gibt es durchaus mögliche Führungspositionen für Frauen mit theologisch-pastoraler Grundqualifikation. Allerdings sind viele Diözesanleitungen hier sehr zurückhaltend, was die Vergabe solcher Positionen an Frauen anbelangt, und gleichzeitig sind Frauen selbst häufig wenig interessiert, zumindest streben sie solche Positionen in den seltensten Fällen offensiv an.[6]

Aus Interviews im Frühjahr 2012 mit einigen wenigen Frauen, die eine hohe Führungsposition in der katholischen Kirche innehaben, ergaben sich aufschlussreiche Informationen darüber, was Frauen motiviert, was sie als hilfreich oder auch als erschwerend erleben. Die befragten Frauen haben ihre Einschätzungen zu Stärken und Schwächen von Frauen, zu notwendigen Veränderungen und nicht zuletzt zur Ämterfrage pointiert erläutert. Auffallend war, dass alle sechs befragten Frauen ihre Arbeit sehr gern tun und überzeugt sind, damit der Zukunft des Unternehmens Kirche zu dienen.

Dies ist bemerkenswert, da die Kirche nicht unbedingt als florierendes Unternehmen einzuordnen ist. Vor allem Mitarbeiter/-innen in der territorialen Pastoral erleben, wie immer mehr Menschen der Kirche den Rücken kehren, wie alte Bilder von Kirche und Gemeinde zunehmend irrelevant werden und dass bei denen, die noch Kontakt zur Kirche suchen, ein sehr breites und oft auch konfliktträchtiges Spektrum an Interessen und Motiven, aber auch an Glaubens- und Moralvorstellungen, vorhanden ist. Hauptberufliche wie Ehrenamtliche beklagen immer wieder mangelnde Leitungs- und Kommunikationsstrukturen. Sie neigen dazu, die massiven Probleme zu personalisieren und den Führungsverantwortlichen dafür die Schuld zu geben („der Pfarrer, der Bischof, die Verwaltung... ist schuld"). Jemand der dies Tag für Tag erlebt, wird sich gut überlegen, ob er zur „Führungsriege" dazugehören möchte.

Ziel der an diese Interviews anschließenden bundesweiten Befragung von pastoralen Mitarbeiterinnen war es, herauszufinden, wie es um das Interesse, die Motivation, die Selbsteinschätzung, die Wünsche und die Erwartungen von Frauen in pastoralen Berufen im Hinblick auf Führungsaufgaben bestellt ist. Schwerpunktmäßig ging es um Fragestellungen wie:

---

[5] Vgl. CIC can. 1024.
[6] Vgl. Bogner 2008, 18.

- Was motiviert Frauen überhaupt, sich für Führungspositionen in der Kirche zu interessieren?
- Lassen sich spezifische weibliche Kompetenzen, Stärken oder auch Führungsstiel/-grundsätze feststellen?
- Wie kann es der katholischen Kirche als Arbeitgeber gelingen, kompetente Frauen für Führungspositionen zu gewinnen?
- Mit welchen Konsequenzen ist zu rechnen, wenn Kirche den Weg in Richtung Gleichwertigkeit/-berechtigung von Mann und Frau insgesamt und vor allem auch im Bereich der Führung beschreitet, bzw. wenn sie es nicht tut?

# Kapitel 2
# Führung, Frauen, Kirche – ein No-Go?

## 2.1. Führung –frauenspezifisch betrachtet

### 2.1.1. Führungstheorien

Sichtet man die einschlägige Literatur zum Thema 'Führung', zeigt sich, dass es keine allgemeingültige Definition des Begriffes gibt. Zentrale Aspekte sind nach Neuberger (1) die Motivierung und Steuerung des Handelns anderer Personen und (2) die Gestaltung von Kommunikations- und Interaktionsprozessen um bestimmte (System-)ziele (z.B. Organisationsziele) zu erreichen.[7] Ähnlich beschreibt Wimmer 'Führung' als „das gezielte Gestalten von sozialen Situationen innerhalb eines größeren sinnstiftenden sozialen Ganzen".[8]

Bis zur Mitte des 20. Jahrhunderts beschäftigte sich die Führungsforschung vor allem mit dem Phänomen des „great man", d.h. mit als besonders begnadet und begabt angesehenen Führungspersonen aus Geschichte und Gegenwart.[9] Weiterentwickelt wurde dieser Ansatz zunächst durch die nach wie vor personzentrierte Eigenschafts- und daran anschließend die Fähigkeitstheorie.[10] Mitte des letzten Jahrhunderts konnte durch Studien nachgewiesen werden, dass eine ausgewogene Kombination aus Aufgaben- wie auch aus Mitarbeiterorientierung besonders erfolgversprechend ist.[11] Diese Erkenntnis wurde in den 60er Jahren von Blake und Mouton in ihrem Grid-Modell mit insgesamt 9x9 Führungsstilen dargestellt (vgl. Abb. 1). Extrempositionen in diesem Modell sind das Überlebensmanagement (bei sehr geringer Person- und Aufgabenorientierung/ 1.1), das Autoritätsmanagement (bei hoher Aufgaben- und niedriger Personorientierung/ 9.1), das Glacehandschuhmanagement (bei hoher Person- und niedriger Aufgabenorientierung/ 1.9) und das – laut Blake und Mouton optimale –Teammanagement (bei hoher Person- und Aufgabenorientierung/ 9.9).[12] Kritisiert wird dieses Modell, weil es den unterschiedlichen Situationen von Personen und Aufgaben wie auch der Art und Zielsetzung der einzelnen Unternehmen zu wenig gerecht wird.[13]

---

[7] Vgl. Kirchler 2008, 412.
[8] Vgl. Stippler u.a. 2011, Teil 2, 16.
[9] Vgl. Stippler u.a. 2011, Teil 1, 10.
[10] Ebd., 9.
[11] Vgl. Kirchler 2008, 432.
[12] Ebd., 434.
[13] Ebd., 434f.

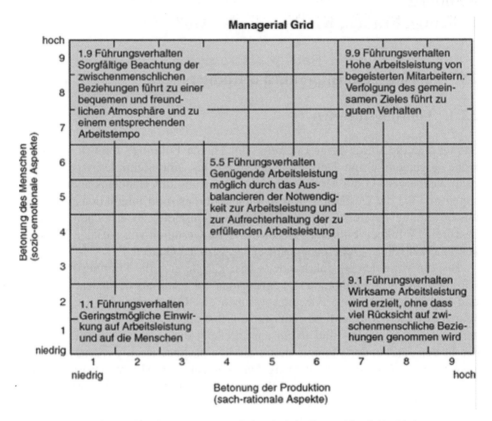

**Abb. 1:** Managerial Grid Modell (Quelle: http://wirtschaftslexikon.gabler.de/Archiv/85866/managerial-grid-v.5.html)

Ein Beispiel für ein Modell, das berücksichtigt, dass es zum einen Unternehmen gibt, in denen vor allem Effizienz gefragt ist, andere hingegen auf Innovation setzen, wie auch, dass es in den einen Unternehmen eher um Erhaltung eines Mitarbeiterstamms und in anderen um möglichst große Flexibilität geht, ist das Konzept eines strategischen Personalmanagements von Gmür und Thommen vgl. Abb. 2).[14]

Bei Unternehmen, in denen beispielsweise langfristige Mitarbeiterbindung eine wichtige Rolle spielt und klare Aufgaben und Abläufe effizient abgewickelt werden müssen, ist das „eingespielte Team" und somit eine Kombination aus kooperativem bis patriarchalischem Führungsstil besonders erfolgversprechend. Geht es allerdings eher darum, mit einem stabilen Team innovativ zu

---

[14] Vgl. Reinhardt 2009, 29.

arbeiten, dann wird dies im Modell als „intelligenter Organismus" bezeichnet, bei dem ein visionärer bis kooperativer Führungsstil angemessen ist.[15]

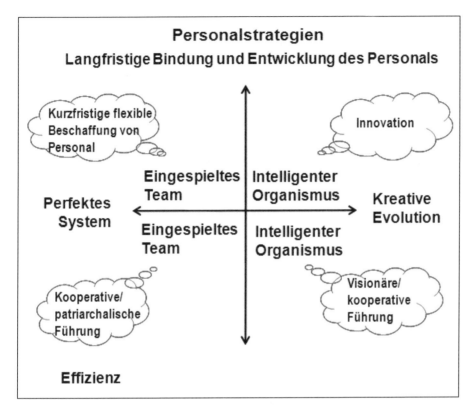

**Abb. 2:** Personalmanagementmodell (Quelle: verändert nach Gmür, Thommen, 2011).

Neben diesem Blick auf das Unternehmen ist im Anschluss an Hersey und Blanchard (1977) der Reifegrad der Mitarbeiter zu beachten.[16] Je nachdem, inwieweit Mitarbeiter fähig und bereit sind, Verantwortung zu übernehmen, sollte die Führungskraft einen der vier Grundstile „telling" (diktieren, lenken), „selling" (erklären, überzeugen), „participating" (ermutigen, anvertrauen) oder „delegating" (bevollmächtigen) wählen.[17] Betrachtet man dieses Modell im Zusammenspiel mit dem Modell von Gmür und Thommen ist davon auszugehen, dass ein „intelligenter Organismus" einen noch höheren Mitarbeiterreifegrad voraussetzt als das „eingespielte Team".

---

[15] Vgl. Reinhardt 2009, 31ff.
[16] Vgl. Kirchler 2008, 440.
[17] Ebd., 440ff.

Bereits in den bisher dargestellten Modellen zeigt sich, dass es beim Thema Führung unabdingbar ist, das gesamte System, die Organisation als ganze in den Blick zu nehmen. Gezielt geschieht dies seit den 60er-Jahren durch die Erarbeitung systemischer Organisations- und Führungsansätze auf der Grundlage der Systemtheorie von Niklas Luhmann.[18] Exemplarisch hierfür steht das St. Galler Management-Modell, in dem das Zusammenspiel von Unternehmen, Führung und Organisation im Mittelpunkt steht. Hieran anknüpfend wurden weitere Modelle entwickelt, in denen die Führungskraft als Akteur in komplexen, dynamischen Systemen betrachtet wird.[19] Für Rudi Wimmer ist Führung ein iterativer, selbstreferenzieller Vorgang, bei dem es nicht um einzelne Führungspersonen (und deren Eigenschaften, Verhalten, ...) geht, sondern darum, welche Qualität die Selbststeuerung eines Unternehmens besitzt.[20] Dirk Baecker meint Ähnliches, wenn er vom 'postheroischen Management' spricht, dessen Aufgabe die Kultivierung von Handlungsmöglichkeit in einem System sei.[21]

Solche Ansätze stehen in einem gewissen Gegensatz zu einer weiteren aktuellen Theorie – der der transformationalen Führung. Der Blick richtet sich hierbei wieder etwas stärker auf die Führungsperson an sich, von der erwartet wird, dass sie als charismatische Persönlichkeit mittels einer Vision die Mitarbeitenden anspornt.[22] Problematisch kann dabei jedoch sein, dass es zu Heldenverehrung kommt und auch, dass die Nachfolge in die Position eines solchen Helden sich äußerst schwierig gestalten kann.[23]

Ein interessanter Ansatz, der im Prinzip den Reifegrad der Führungsperson mitbedenkt, ohne deshalb neue „greatmen/women" konstruieren zu wollen, wurde im Oktober 2012 in der Zeitschrift OrganisationsEntwicklung veröffentlicht. Kessel und Kugele sprechen darin von drei Reifestufen bei Beratern, Managern und Führungskräften: (1) Besser-Wissen, (2) respektvoller Umgang miteinander und (3) selbstloses Dienen zum Wohle des Ganzen bzw. der Sache.[24] Durch einen zunehmenden Reifungsprozess, der nicht durch das Erlernen einer Methode, sondern durch Wahrnehmungserweiterung geprägt sei, seien Führungskräfte in der Lage, Mitarbeitenden in der Haltung von Ermutigung und Ermöglichung zu begegnen und so der Entwicklung zu dienen.[25]

---

[18] Vgl. Stippler u.a. 2011, Teil 2, 9.
[19] Ebd., 11.
[20] Ebd., 16.
[21] Ebd., 17.
[22] Vgl. Stippler u.a. 2011, Teil 3, 14.
[23] Ebd., 17.
[24] Vgl. Kessel, Kugele 2012, 29.
[25] Ebd., 35.

## 2.1.2. Frauen und Führung

In ihrem Buch 'Die Entwicklung des feministischen Bewusstseins" zitiert Gerda Lerner den Naturwissenschaftler Isaak Newton mit einem Satz, der letztlich auf Bernhard von Clairvaux zurückgeht: „Wenn ich weiter gesehen habe, so deshalb, weil ich auf den Schultern von Riesen stand."[26] Sie sieht darin ein Beispiel für eine Grundproblematik in der Emanzipation der Frau. Immer wieder im Lauf von Jahrhunderten gab es gebildete und einflussreiche Frauen, doch jedes Entstehen feministischen Bewusstseins wurde rasch von Männern unterbunden, so dass Frauen das Rad immer wieder neu erfinden mussten, um in einer patriarchalisch geprägten Welt ihre Kompetenzen und Interessen einzubringen und Gleichberechtigung einzufordern.[27]

Im Zusammenhang mit der Entwicklung von Führungstheorien spielte das Thema „Frau" lange Zeit keine Rolle, denn sowohl die Forscher als auch die Forschungsobjekte waren männlich. Nimmt man speziell Deutschland in der Mitte des letzten Jahrhunderts in den Blick, so fällt auf, dass Frauen während der Kriegs- und Nachkriegszeit mit viel Engagement, und ohne jegliche theoretische Reflexion der Rolle von Mann und Frau, da angepackt haben, wo 'Not am Mann' war. Doch auch wenn dann im Grundgesetz festgehalten wurde, dass Mann und Frau gleichberechtigt sind[28] wurde in der Zeit des Wirtschaftswunders die Frau rasch in die Rolle der fleißigen Hausfrau und Mutter zurückverwiesen. Wollte eine Frau arbeiten gehen, dann musste der Ehemann bis 1977 noch dem Arbeitsvertrag seiner Frau durch Unterschrift zustimmen.[29]

1967 betrug der Anteil der Studentinnen an den wissenschaftlichen Hochschulen in Deutschland nur 24%.[30] 2011 betrug er immerhin schon ca. 47%.[31] Doch obwohl insgesamt mehr Frauen als Männer ihr Studium auch mit einem anerkannten Abschluss beenden, liegt die Zahl der Professorinnen mit 20% deutlich unter dem Anteil ihrer männlichen Kollegen.[32]

Ähnlich hoch wie die Zahl der Studentinnen ist mit 46% auch der Frauenanteil bei den Berufstätigen.[33] Allerdings gibt es auf dem Arbeitsmarkt noch immer eine massive sog. Horizontale und vertikale Teilung, was Männer und Frauen anbelangt. Horizontal betrachtet, sind Frauen und Männer in den unterschiedlichen Berufs- und Tätigkeitsfeldern unterschiedlich stark vertreten (z.B. Frauen in sozialen Berufen, Männer eher in technischen Berufen oder Handwerksberu-

---

[26] Vgl. Lerner 1995, 200.
[27] Ebd.
[28] Vgl. Art. 3 Abs. 2 GG.
[29] Vgl. Funken 2011, 16.
[30] Vgl. Weitbrecht 2005, 2.
[31] Vgl. Gesis.org 2013.
[32] Vgl. ebd.
[33] Vgl. Funken 2011, 20.

fen). Vertikal betrachtet sind Frauen sehr viel weniger auf Führungsebene vertreten als Männer (sog. „Glasdeckeneffekt".[34] Konkret zeigt sich dies z.B. darin, dass es unter den Top-200-Unternehmen in der Wirtschaft nur zwei Frauen als Vorstandsvorsitzende gibt.[35] Im Führungskräftemonitor 2010 des Deutschen Instituts für Wirtschaftsforschung lautet das Fazit im Hinblick auf die Gleichstellung von Mann und Frau in Führungspositionen: „Je höher die Hierarchieebene, desto seltener sind Frauen dort vertreten."[36]

Was behindert und bremst viele Frauen auf ihrem Karriereweg? Dieser Frage ist im Jahr 2011 Prof. Dr. Christiane Funken in einer Studie nachgegangen. Sie ließ dazu Frauen in Führungspositionen im Alter zwischen 45 und 55 Jahren befragen.[37] Ergebnis der Untersuchung war u.a., dass Frauen dieser Altersgruppe in Führungspositionen sehr gut qualifiziert sind und nur wenige von ihnen ihre Karriere systematisch geplant und direkt gesteuert haben.[38] Ab etwa dem 45.Lebensjahr, so wurde festgestellt, durchlaufen diese Frauen eine krisenhafte Reflexionsphase, weil sie erleben, dass ihre Karriere stagniert und die Belastung im Vergleich zum Gewinn zu groß wird. Etwa 40% der Frauen reagieren darauf nach dem Motto 'jetzt erst recht', nehmen die Herausforderung an und kämpfen um Anerkennung. 30% beginnen damit, den Übergang in den Ruhestand zu planen, manche davon in der Haltung der 'inneren Kündigung', andere suchen Wege, ihr Knowhow jenseits von Linienpositionen beispielsweise in Aufsichts- oder Betriebsräten zur Verfügung zu stellen. Die übrigen 30% planen gezielt den Ausstieg in die Selbständigkeit oder ins Ehrenamt. Ein Fazit der Studie lautet somit, dass 60% der Frauen im Alter 45+ ihre Kompetenzen, ihre Qualifikationen und ihr Wissen aus dem Unternehmen abziehen.

Bedauerlicherweise wird bei diesem Fazit nicht mitbedacht, dass hochkompetente Frauen in Aufsichts- oder Betriebsräten einen entscheidenden Einfluss auf die Zukunftsfähigkeit eines Unternehmens haben können; vor allem jedoch zeigen diese Ergebnisse, dass ein Handlungsbedarf besteht, bei dem es längst nicht nur um das Gewinnen von Frauen für Führungspositionen geht.

Aus weiteren Ergebnissen der Studie geht hervor, dass die befragten Frauen dazu neigen, überdurchschnittlich viel zu arbeiten, dass sie mehr reflektieren und über Alternativen nachdenken als Männer, sowie, dass sie das Fehlen weiblicher Vorbilder und unterstützende Förderung auf ihrem Karriereweg sehr vermisst haben.[39]

In einem weiteren aktuellen Forschungsprojekt wurden in einem ersten Schritt Führungskräfte beiderlei Geschlechts gefragt, worauf es im Hinblick auf

---

[34] Vgl. Kirchler 2008, 476f.
[35] Vgl. Funken 2011, 18.
[36] Busch, Holst 2010, 67 f.
[37] Vgl. Funken 2011, 7.
[38] Ebd., 12f.
[39] Ebd., 30.42.53.

das Erreichen eines Führungspostens ankomme.[40] 68 % der Befragten sagten, dass es neben den Fragen nach Kompetenz und Rahmenbedingungen vor allem eine Frage der Motivation sei.[41] Erkenntnisse aus dieser Untersuchung zum Thema „Führungsmotivation im Geschlechtervergleich" zeigen: Frauen neigen eher als Männer dazu, Entscheidungen von Rahmenbedingungen abhängig zu machen und selbst wenn sie prinzipiell motiviert sind, bestehen sie nicht so konsequent auf einer Führungsrolle wie Männer.[42] Wenn Frauen nach ihrer Motivation für Führungspositionen gefragt werden besteht die Antwort aus differenzierteren Komponenten als bei Männern.[43] Als besonders hilfreich erleben Frauen die Bekräftigung durch das soziale Umfeld, wie auch durch weibliche Karrierevorbilder.[44] Ein Ergebnis der Befragung war, dass 54% der Männer, die sagten, „dass ihnen die Aufgaben einer Führungskraft Spaß machen", später auch eine leitende Position übernehmen möchten, während von den Frauen, die der gleichen Aussage zugestimmt haben, dies nur 39% anstreben.[45] Und während 61% der Männer, die eindeutig sagten, „dass sie sich manchmal bereit erklären, die Leitung zu übernehmen, um die Erwartungen anderer nicht zu enttäuschen", auch tatsächlich eine Führungsposition haben möchten, sind es unter den Frauen hier lediglich 20%.[46]

## 2.1.3. Frauen und Männer im Vergleich

Hinter dem Thema „Frauen und Führung" stößt man immer wieder auf die Frage, ob und inwieweit sich Frauen und Männer in ihrem Verhalten grundlegend unterschieden und – sofern man Unterschiede wahrnimmt – wodurch diese bedingt sind. Daher ist es sinnvoll, sich an dieser Stelle die gängigen Theorien zur Gleichheit und Verschiedenheit von Mann und Frau vor Augen zu führen.

### (1) Defizittheorie

Während die „Defizittheorie", die im 19. Jhd. die untergeordnete Stellung der Frau mit der Begründung, Frauen hätten ein kleineres Gehirn als Männer, für erwiesen erklärte[47],inzwischen ausgedient hat, spielen derzeit sowohl die Gleichheits- als auch die Differenztheorie eine wichtige Rolle. Zu beiden Theo-

---

[40] Vgl. Elprana, Gatzka, Stiehl, Felfe 2011, 4.
[41] Ebd.
[42] Ebd., 5f.
[43] Ebd., 7.
[44] Ebd., 6.7.
[45] Ebd., 12.
[46] Ebd.. 13.
[47] Vgl. Pospichal 2011, 6.

rien gibt es viele Untersuchungen und beide Theorien führen zu praxisrelevanten Lösungsansätzen.

## (2) Gleichheitstheorie

Die Gleichheitstheorie geht davon aus, dass Männer und Frauen gleichberechtigt und gleichwertig sind und dass somit die Ungleichverteilung von Führungsaufgaben bedeutet, dass Kompetenzen und Qualifikationen von Frauen neben denen von Männern ungenutzt bleiben. Dieser sogenannten statistischen Diskriminierung wird versucht, mit Frauenförderprogrammen und Gleichstellungspolitik zu begegnen.[48]

## (3) Differenzmodell

Das Differenzmodell hingegen geht davon aus, dass Männer und Frauen, was ihre Stärken und Schwächen angeht, verschieden sind. Dies wird in Geschlechterstereotypen, wie z.B. dem des durchsetzungsfähigen Mannes und der anpassungsfähigen Frau, zum Ausdruck gebracht.[49] Als Beispiel für dieses Modell hier ein Zitat von Reinhard K. Sprenger:

> „Was Männer erst mühsam lernen, so mancher Testosteronvulkan niemals lernen wird, das haben Frauen bereits: Organisationstalent, vernetztes Denken, Paradoxien erkennen und handlungsfähig bleiben, soziales Breitbandempfinden, situationsangemessenes Entscheidungsvermögen, Kommunikationstalent mit wechselnden Adressaten, Multitasking, das parallele Lösen vieler Aufgaben (…) Frauen haben nicht mehr Gefühle als Männer. Das wird zwar immer wieder behauptet, ist auch von einiger alltagspraktischer Plausibilität, aber zum Glück Unsinn. Sie haben jedoch in der Regel mehr Kontakt zu ihren Gefühlen, lassen sie zu (...) Damit sind Frauen auch sensibler für Beziehungen, für Unterschwelliges, können es zur Sprache bringen und tun es auch (…)."[50]

Eine Studie aus dem Jahr 2001 zur Frage solcher Stereotypen beschäftigte sich mit der Analyse von Todesanzeigen für Führungskräfte und stellte z.B. fest, dass bei Männern besonders häufig ihr 'Experte sein' lobend erwähnt wird, während Frauen eher als engagiert und treu bezeichnet werden.[51] Im Vergleich der Entwicklung solcher Anzeigen von 1974 bis 1998 zeigt sich allerdings, dass insgesamt eine Annäherung der Beschreibungen feststellbar ist.[52]

---

[48] Vgl. Henn 2012, 38.
[49] Ebd., 45ff.
[50] Sprenger 2010, 207.
[51] Vgl. Kirchler 2008, 479.
[52] Ebd., 481f.

Die Differenztheorie geht wie das Defizitmodell davon aus, dass Frauen und Männer verschieden sind. Sie kommt allerdings nicht zum Ergebnis, dass Frauen weniger oder minderwertigere Fähigkeiten haben als Männer – sondern eben andere. Ein achtsamer Umgang mit diesem Modell bedeutet, nicht zuzulassen, dass der Mann zum Maßstab wird nach dem Motto: 'männlich ist normal – weiblich ist anders'. Und wer das Thema 'Mann und Frau' in Unternehmen und Führungsrollen auf der Basis der Differenztheorie angeht, der setzt nicht schlicht auf die Frauenquote, sondern agiert in Richtung Diversity Management oder auch Mixed Leadership.[53]

### (4) Konstruktivistischer Ansatz

Eine vierter Ansatz distanziert sich von der Frage, ob Mann und Frau gleich sind oder ob sie differieren und spricht schlicht davon, dass es zu dieser Frage soziale Konstrukte gibt, wie z.B. das Phänomen 'Glass Ceiling', 'Token Women'[54], 'Think Manager – Think Male', 'Old Boys Network', 'Präsenzkultur'[55] 'Work-Life-Integration' oder 'Networking', deren Entwicklungsgeschichte man offenlegen und die man je nach Bedarf auch um- oder dekonstruieren kann.[56]

Die Psychologin, Juristin und Managementtrainerin Monika Henn ist der Frage nachgegangen, ob sich die unterschiedlichen Ansätze empirisch verifizieren lassen.[57] Dazu führte sie eine Befragung mit Frauen in Wirtschaftsunternehmen durch. Die Hälfte der Befragten kam aus dem Kreis der Führungskräfte, die andere Hälfte aus dem Bereich der Mitarbeiterinnen. Die Frauen in beiden Gruppen waren gleich gut qualifiziert.

Henn zitiert in ihrem Buch „Die Kunst des Aufstiegs" eine ganze Reihe neuerer Untersuchungen, welche die Defizittheoriestützen. Ergebnisse von Studien waren u.a., dass Frauen geringer bewertete Studienfächer wählen,[58] sich insgesamt als weniger erfolgreich einschätzen,[59] dass sie durch Qualität überzeugen wollen und dabei Netzwerke und Selbstmarketing unterschätzen.[60] Experimente zum Konkurrenzverhalten zeigen, dass Männer mehr Spaß am Wettbewerb haben als Frauen.[61]

---

[53] Vgl. Henn 2012, 74.
[54] *Vorzeige- bzw. Alibifrau* (vgl. Henn 2012, 81)
[55] *Die tatsächliche Anwesenheit am Arbeitsplatz wird hoch bewertet* (vgl. ebd., 84)
[56] Ebd., 77ff.
[57] Ebd., 20.
[58] Ebd., 57.
[59] Ebd., 53.
[60] Ebd., 57.
[61] Ebd., 60.

Andere Befragungsergebnisse lassen den Schluss zu, dass es Unterschiede im Führungsstil von Mann und Frau gibt, wobei der der Frauen eher kooperativ und insgesamt wirkungsvoller sei.[62]

Insgesamt kommt Monika Henn zum Ergebnis, dass das Problem von Frauen oft darin besteht, dass sie aufgrund fehlender Modelle das Aufstiegsspiel nicht ausreichend beherrschen.[63] Die Ergebnisse ihrer eigenen Untersuchung legen nahe, dass der gravierendste Unterschied zwischen (gleich qualifizierten) Führungskräften und Mitarbeiterinnen darin besteht, dass die Führungsmotivation bei den Führungskräften deutlich höher ausgeprägt ist als bei den Mitarbeiterinnen.[64] Ähnliches gilt für die Skills Teamorientierung und Selbstbewusstsein. Die bewusste Haltung „(Mitarbeiter-)Führung – ich kann und ich will das" ist eine Grundvoraussetzung, um als Frau in eine Führungsposition gelangen zu können. Kompetent, geeignet und grundsätzlich bereit zu sein reicht nicht aus, notwendig ist Eigeninitiative, Eigenmarketing und Einfordern.[65] Im Rahmen der Interviews, die M. Henn führte, kam immer wieder zur Sprache, dass nach wie vor alte Rollenbilder das Denken prägen,[66] dass Frauen sehr viel mehr als Männer erleben, dass sie erst einmal Kompetenz beweisen müssen, um anerkannt zu werden, und dass sie oft viel Kraft investieren, um besser zu sein als die Männer, und es dabei vernachlässigen, ihren eigenen weiblichen Weg zu finden.[67] Der Grund dafür, dass das Potential von Frauen im Vergleich zu dem von Männern nur minimal ausgeschöpft wird, liegt laut M. Henn in den Köpfen – sowohl der Frauen als auch der Männer.[68]

Das momentane Zwischenergebnis der Untersuchungen zu diesen und weiteren Theorien ist, dass bisher keine der Theorien eindeutig belegt oder widerlegt werden konnte. Wenn beispielsweise Untersuchungen zum Ergebnis kommen, dass Frauen und Männer sich in ihrem Führungsverhalten kaum unterscheiden, ist damit noch nicht gesagt, dass sie 'gleich' sind. Es kann auch sein, dass vor allem die Frauen in solche Positionen gelangt sind, denen es gelungen ist, sich den Männern anzugleichen. Und wenn im Gegenzug dazu Untersuchungen die Differenztheorie zu bestätigen scheinen, dann sagen sie eben oft nur etwas über die Selbsteinschätzung der befragten Frauen, aber nicht darüber, ob deren Erleben genetisch bedingt, gesellschaftlich anerzogen oder Folge einer Mann-Frau-Konstruktion darstellt, die derzeit en vogue ist.

Wäre allein die Gleichheitstheorie relevant, so käme es vor allem darauf an, Stereotype auszumerzen und Quotenregelungen durch- und umzusetzen. Wenn

---

[62] Ebd., 71.
[63] Ebd., 33.
[64] Ebd., 111.
[65] Ebd., 174.
[66] Ebd., 208.
[67] Ebd., 173.
[68] Ebd., 155.

man jedoch Erkenntnisse, die in der Differenztheorie zum Tragen kommen, ebenfalls beachtet, dann geht es darum, förderliche Rahmenbedingungen zu schaffen, wie z.B. flexible Arbeitszeiten, Work-Life-Integration, Mentoring, Networking und vor allem auch die Wertschätzung von Verschiedenheit, die ja im Mitarbeiter- und Führungsbereich längst nicht nur das Thema Mann und Frau anbelangt. Passende Rahmenbedingungen können die Motivation von Frauen stärken.

Ein Ergebnis vieler Studien ist darüber hinaus, dass es auch an den Frauen selbst liegt und dass Aufstiegskompetenz voraussetzt, dass Frauen u.a. den Umgang mit Konkurrenz und Macht lernen, selbstbewusst Unterstützer(innen) suchen und Netzwerke bilden.

## 2.2. Kirche in der Krise

Das Zweite Vatikanische Konzil spricht von Kirche als „Sakrament, das heißt Zeichen und Werkzeug für die innigste Vereinigung mit Gott wie für die Einheit der ganzen Menschheit"[69] und stellt fest: „Bestimmt zur Verbreitung über alle Länder, tritt sie in die menschliche Geschichte ein und übersteigt doch zugleich Zeiten und Grenzen der Völker."[70]. Gleichzeitig ist Kirche, betrachtet man sie aus soziologischer Perspektive, eine Organisation und – zumindest wenn man den Blick auf Kirche im deutschsprachigen Raum eingrenzt – ein bedeutender Arbeitgeber.

Nach dem Öffentlichen Dienst sind in den Einrichtungen der beiden großen Kirchen in Deutschland mit mehr als 1,3 Mio. die meisten Arbeitnehmer beschäftigt.[71] Etwa die Hälfte davon in der katholischen Kirche in karitativen Einrichtungen in Bereichen wie Pflege und Jugendhilfe oder im verfassten Bereich der Diözesen, z.B. im Bildungsbereich, in Kindertagesstätten oder auch in der Pastoral. So einheitlich dabei z.B. der Begriff „die Caritas" klingt, ist zu beachten, dass es zwar ein einheitliches Arbeitsrecht in diesem Bereich gibt, Arbeitgeber sind es allerdings sehr viele verschiedene. Noch weniger Einheitlichkeit, was Strukturen oder auch Arbeitsvertragsordnungen angeht, findet man im verfassten Bereich der Diözesen Deutschlands. Hier gibt es viele autonome, unterschiedlich strukturierte Systeme. Organigramme der Leitungsebenen der insgesamt 27 Diözesen in Deutschland sind ebenso schwer vergleichbar, wie die durch Umstrukturierungsprozesse entstandene Landschaft aus Großpfarreien, Gemeindeverbünden und anderen Konstrukten.

---

[69] LG 1.1.
[70] LG 2.9.
[71] Vgl. Schwarz 2005, 13.

Auf den ersten Blick kann man den Eindruck gewinnen, als wäre in der katholischen Kirche doch zumindest alles systematisch hierarchisch gegliedert. Tatsächlich findet man jedoch auch diesbezüglich nebeneinander unterschiedliche Modelle: das ursprünglich papst- und bischofszentrierte monarchisch-feudale Modell, das die kirchliche Führungspraxis prägende hierarchisch-bürokratische Modell, das aus dem communio-Ansatz des zweiten Vatikanischen Konzils und z.B. in Gremien wie Kirchengemeinderäten realisierte synodal-demokratische Modell und das sozialwissenschaftlich begründete kooperativ-teamorientierte Modell.[72] So unterschiedlich und letztlich unvereinbar diese Modelle sind – eines ist ihnen gemeinsam: Führung und Leitung wird in Kirche seit jeher extrem personalisiert praktiziert.[73] Dies gilt für einen 'in persona christi' handelnden Bischof ebenso wie für den auf operative Seelsorge konzentrierten pastoralen Mitarbeiter, das communio-geprägte Pastoralteam oder auch die synodale bottom-up-Arbeitsweise, es hat Folgen für das Selbstverständnis des Personals und für die Erwartungshaltung der Kirchenmitglieder[74] und es stellt eine große Herausforderung dar in einer Zeit des Umbruchs. Wenn Kirche als Gemeinschaft, als Organisation und als Arbeitgeber unter dem Leitbild „Zeichen Gottes für die Welt" in der heutigen europäischen oder auch deutschen Gesellschaft bestehen bleiben und evtl. sogar bedeutsam sein will, dann muss sie sich als System zukunftsorientiert ausrichten und verhalten und eine Führungskultur einüben, die der schwierigen Situation gerecht wird. Zu beobachten ist in den deutschen Diözesen allerdings, dass Kirche trotz vieler Reformprozesse immer mehr Mitglieder, zunehmend auch Frauen, verliert, bedeutungslos für den Alltag der Noch-Mitglieder wird, immer mehr an Grenzen kommt, wo es um die Gewinnung geeigneter haupt- und ehrenamtlicher Mitarbeiter geht und sich insgesamt sehr schwer tut, ihre Handlungs- und Zukunftsfähigkeit wieder zu gewinnen.[75]

Der engagierte Katholik und Unternehmensberater Dr. Thomas von Mitschke-Collande benennt als Fazit seiner Analysen sechs Krisenaspekte, die die katholische Kirche im deutschsprachigen Raum in eine Abwärtsspirale ziehen: die Glaubens-, Vertrauens-, Autoritäts-, Führungs-, Struktur- und Vermittlungskrise.[76] Auf der Grundlage einer ganzen Reihe von aktuellen Befragungen und Untersuchungen stellt er fest, dass sowohl Glaubensinhalte als auch Modelle der Glaubensweitergabe an Bedeutung verlieren[77], dass das Vertrauen in die Glaubwürdigkeit der Kirche und ihrer Vertreter rapide zurück geht[78] und dass

---

[72] Vgl. Dessoy 2010 (a), 205ff.
[73] Ebd.
[74] Ebd.
[75] Vgl. Dessoy 2010 (b), 65.
[76] Vgl. Mitschke-Collande 2012, 23.
[77] Ebd., 24ff.
[78] Ebd., 33ff.

die Autorität der Kirche bereits soweit abgenommen hat, dass beispielsweise selbst von regelmäßigen Besuchern katholischer Gottesdienste nur noch 20% angeben, dass sie sich an den Aussagen der Kirche als Institution, sowie der Vertreter der Kirche, orientieren.[79] In seinen Ausführungen zur Führungskrise zitiert Mitschke-Collande den im Januar 2013 verstorbenen emeritierten Bischof von Innsbruck Reinhold Stecher, der sein Bedauern darüber zum Ausdruck brachte, dass Rom es bei Bischofsernennungen gezielt vermeidet, Personen zu benennen, die das Vertrauen der Menschen in der Diözese bereits haben und dass dadurch deutlich werde, dass eher Statthalter als Hirten eingesetzt werden sollen.[80] Auch benennt er die Tatsache, dass viele junge Kleriker traditionalistisch ausgerichtet sind, was sich z.B. darin zeigt, dass nur 9% der Priester unter 40 die Priesterweihe der Frau befürworten, bei den über 60 jährigen sind es hingegen 40%.[81]

Ursache für den fortschreitenden Bindungs- und Vertrauensverlust in der katholischen Kirche seien letztlich nicht Skandale, Priestermangel und Finanzierungsprobleme, sondern das Unvermögen, den Glauben authentisch zu leben und weiterzugeben.[82]

Betrachtet man die Rettungsversuche, die in den Diözesen unternommen werden, so stellt man fest, dass sie sich oft vor allem auf Strukturveränderungen beziehen und in der Regel als eher rückwärtsgewandt wahrgenommen werden. Es gibt aber auch Diözesen und Leitungen derselben, wo kritische und individuelle Meinungen und Ideen interessiert wahrgenommen, lernbereite Veränderungsprozesse initiiert werden und wo kooperative Pastoral oder auch die Erhöhung des Frauenanteils im Führungsbereich gewollt ist und gefördert wird. Der gute Wille allein jedoch wird nicht ausreichen, um eine Kehrtwende herbeizuführen.

Die entscheidende Frage ist, ob und wie es Kirche gelingen kann, als lernende Organisation zu agieren. Kirche muss sich entscheiden zwischen Abgrenzung und Dialog, wie auch zwischen Defensive und Offensive.[83] Wenn Kirche kundenorientiert bleiben will, dann muss sie echten Dialog nach innen und außen forcieren und lernen, von der Zukunft her zu denken.[84] Die Arbeit muss, ausgehend von den Führungskräften, charismenorientiert und experimentell angegangen werden.[85] Das 'eingespielte Team' reicht also nicht mehr aus, gefragt ist der 'intelligente Organismus.'[86]

---

[79] Ebd., 50.
[80] Ebd., 67.
[81] Ebd., 72f.
[82] Ebd., 107.
[83] Dessoy 2012 (b), 244.
[84] Ebd.
[85] Ebd., 246.
[86] Vgl. Reinhardt 2009, 30ff.

## 2.3. Frauen und Führung in der katholischen Kirche

### 2.3.1. Rolle und Stellung der Frau in der katholischen Kirche

Wenn in Lk 8,1f über den das Evangelium in Wort und Tat verkündenden Jesus zu lesen ist: „Die Zwölf begleiteten ihn, außerdem einige Frauen: Maria von Magdala, (...) Johanna, (...) Susanna und viele andere", dann ist das eine von vielen Stellen in den Evangelien, in denen Frauen u.a. als Gesprächspartnerinnen und Begleiterinnen Jesu erwähnt werden. Für die damalige Zeit geht Jesus mit den Frauen erstaunlich unbefangen um[87] und sorgt dadurch für eine Befreiung in eine neue gesellschaftliche Stellung hinein, die auch in den frühen christlichen Gemeinden bedeutsam war[88]. Paulus bringt es in seinem Jahrzehnte vor den Evangelien verfassten Brief an die Galater folgendermaßen auf den Punkt: Denn ihr alle, die ihr auf Christus getauft seid, habt Christus (als Gewand) angelegt. Es gibt nicht mehr Juden und Griechen, nicht Sklaven und Freie, nicht Mann und Frau; denn ihr alle seid eins in Christus Jesus"[89]. Paulus grüßt in seinen Briefen Frauen namentlich, er schreibt, dass Frauen wie Priska oder auch Euodia und Syntche als Mitarbeiterinnen in der Missionsarbeit sich abmühen und mitkämpfen[90] und nennt Phöbe, die Überbringerin seines Römerbriefs, 'diakonos' (Röm 16,1). Da es zu Beginn des Christentums kein Weiheamt und keine Trennung zwischen Kleriker- und Laienstand gab, übernahmen Frauen und Männer funktionsidentisch Aufgaben in der Gemeindeleitung.[91]

Sehr früh allerdings begann sich das Blatt zu wenden. Denn auch wenn es immer wieder selbstbewusste Frauen, wie z.B. Teresa von Avila gab[92], so vertraten jahrhundertelang u.a. Päpste und Kirchenrecht die Auffassung, dass die Frau dem Mann untergeordnet sei und dass die für sie von Gott her vorgesehene

---

[87] Vgl. Küng 2012, 14.
[88] Vgl. Demel 2004, 18.
[89] Die Hl. Schrift, Gal 3,27f.
[90] Vgl. Weiser 1983, 164f.180f.
[91] Vgl. Bucher 2012, 114.
[92] *"Herr meiner Seele! Als Du noch in dieser Welt wandeltest, hast Du den Frauen immer Deine besondere Zuneigung bewiesen. Fandest Du doch in ihnen nicht weniger Liebe und mehr Glauben als bei den Männern. Die Welt irrt, wenn sie von uns verlangt, dass wir nicht öffentlich für Dich wirken dürfen, noch Wahrheiten aussprechen, um derentwillen wir im Geheimen weinen, und dass Du, Herr, unsere gerechten Bitten nicht erhören würdest. Ich glaube das nicht, Herr, denn ich kenne Deine Güte und Gerechtigkeit, der Du kein Richter bist wie die Richter dieser Welt, die Kinder Adams; kurz, nichts als Männer, die meinen, jede gute Fähigkeit bei einer Frau verdächtigen zu müssen. Aber es wird die Zeit kommen, da man starke und zu allem Guten begabte Geister nicht mehr zurückstößt, nur weil es Frauen sind."* (Teresa von Avila, Kirchenlehrerin, 1515 bis 1582 – zugeschrieben.)

Rolle die der Jungfrau oder Mutter sei. Veränderung brachten erst das letzte Konzil (1961-1964), das die Gleichwertigkeit von Mann und Frau betonte, oder - in Folge des Konzils - regionale Erneuerungsveranstaltungen wie die Würzburger Synode (1971- 1975), bei der u.a. eine Eingabe nach Rom zur Frage der Diakoninnenweihe verfasst wurde.

Bedeutsam ist auch, dass der Codex Juris Canonici von 1984 viele frauenabwertende Aussagen der Fassung von 1917 nicht mehr enthält und dafür deutlich macht, dass für Laien und somit auch für Frauen viele Aufgaben in Bereichen wie Liturgie, Verkündigung, Leitung von kirchlichen Einrichtungen bis hin zur Spendung des Taufsakraments möglich sind.[93] Wer, so sagt das Kirchenrecht, als Lektor/-in, Kommunionhelfer/-in, als Pastoral- oder Gemeindereferent/-in oder auch als Taufspender/-in im Auftrag der Kirche einen Dienst übernommen hat, dem wurde ein Kirchenamt übertragen.[94] Kirchenrechtlich verboten bleiben letztlich die Spendung des Bußsakraments, der Krankensalbung und der Vorsitz in der Eucharistiefeier, da hierfür die Priesterweihe erforderlich ist. Bis heute gibt es Theologen, die den Ausschluss der Frau von den Weiheämtern mit dem Willen Gottes begründen.[95] Wer so argumentiert verhält sich romkonform.

Zahlreiche Theologinnen und Theologen weisen andererseits seit Jahrzehnten darauf hin, dass es keine ernsthaften Gründe gegen die Priesterweihe der Frau gebe[96] und dass Jesus weder ein Amtspriestertum gestiftet, noch das letzte Abendmahl als erste Messfeier verstanden habe.[97] Die Reaktion der Amtskirche auf diesen deutlich geäußerten Veränderungsbedarf bringt eine Aussage von Johannes Paul II aus dem Jahr 1994 auf den Punkt. Im Apostolischen Schreiben „Ordinatio sacerdotalis" stellt er fest: „Damit also jeder Zweifel (…) beseitigt wird, erkläre ich kraft meines Amtes, die Brüder zu stärken (vgl. Lk 22,32), dass die Kirche keinerlei Vollmacht hat, Frauen die Priesterweihe zu spenden, und dass sich alle Gläubigen der Kirche endgültig an diese Entscheidung zu halten haben."[98] Kurze Zeit danach erklärte die Kongregation für die Glaubenslehre in Rom, der Papst habe mit dieser Aussage eine Lehre unfehlbar vorgetragen.[99] Für manche mag das wie ein Denk- und Diskussionsverbot klingen, dessen Missachtung disziplinarrechtliche Folgen, wie z.B. die Entfernung aus dem kirchlichen Dienst haben könnte.[100] Die Kirchenrechtlerin Prof. Dr. Sabine Demel ist in dieser Frage der Überzeugung, dass die Aussage des Papstes zwar

---

[93] Vgl. Demel 2004, 37.
[94] Vgl. Zinkl2011, 269.
[95] Vgl. Schuhmacher 2003, 22.
[96] Vgl. Küng 2012, 122.
[97] Vgl. Lohfink, in Dautzenberg 1983, 322ff.
[98] Ordinatio sacerdotalis 1994, Abs. 4, Satz 2.
[99] Vgl. Demel 2012 (b), 276.
[100] Ebd., 277.

verbindlich und zu respektieren sei, gleichzeitig hält sie die weitere Diskussion für erlaubt bzw. sogar notwendig und eine spätere Korrektur durchaus für möglich.[101] Ihrer Auffassung nach brauche nicht die Zulassung der Frauen eine Begründung, sondern der Ausschluss der Frauen und darüber hinaus gehe es weniger um eine Öffnung bestimmter (Weihe-) Ämter für Frauen, sondern um die Weiterentwicklung bestehender Ämter und Strukturen.[102]

Zu den Entwicklungen seit dem II. Vatikanischen Konzil kann man somit zusammenfassend sagen, dass auf der einen Seite in der katholischen Kirche eine Entwicklung stattgefunden hat, die es Frauen möglich macht, sämtliche Leitungspositionen, für die kein Weiheamt erforderlich ist, zu übernehmen, gleichzeitig gibt es vor allem von der Zentrale in Rom her immer noch ein sehr traditionelles Frauenbild. Eine Umfrage aus dem Jahr 1993, wie auch eine Langzeitstudie aus 2011 zeigen deutlich, dass die Kirche den Anschluss an die Entwicklung der Frauen verloren hat und dass dies bewirkt, dass mehr und mehr Frauen aller Generationen – darunter besonders diejenigen, die in Beruf und verschiedenen Bereichen der Gesellschaft engagiert sind und Verantwortung tragen – der Kirche den Rücken kehren.[103] Eine Frau, die heute eine kirchliche Leitungsrolle übernimmt – sei es als Gemeindeleiterin im Sinne von can. 517, 2 CIC, als Caritasdirektorin, Richterin oder Hauptabteilungsleiterin, tut dies in einer seit Jahrhunderten von Männern geprägten und zunehmend an gesellschaftlicher Relevanz verlierenden Organisation.

### 2.3.2. Frauen in kirchlichen Führungspositionen

In den Ergebnissen des Führungskräftemonitors 2010[104] wird dargelegt, dass der Frauenanteil in Führungspositionen im Öffentlichen Dienst mit 48% überdurchschnittlich hoch ist. Da sich der Arbeitgeber Kirche am Öffentlichen Dienst orientiert, könnte man annehmen, dass auch hier der Anteil weiblicher Führungskräfte hoch sein könnte. Ein Blick in die Organigramme der (Erz-)-Bistümer macht jedoch deutlich, dass zumindest Frauen in kirchlichen Spitzenpositionen Einzelfälle sind.[105] Laut einer Recherche der Theologin Andrea Qualbrink gab es 2011 in einem Drittel aller deutschen Diözesen keine einzige Frau auf der Ebene der Hauptabteilungsleitungen, in anderen Bistümern gibt es zum Teil eine oder zwei Frauen, in einem Bistum drei.[106] Insgesamt ist es schwierig, eindeutige Zahlen zu benennen, da es zum einen zum Thema „Frau-

---

[101] Ebd., 283.
[102] Ebd., 286.
[103] Vgl. Demel 2012 (a), 82.
[104] Vgl. Holst, Busch 2010, 21.
[105] Vgl.Qualbrink 2011, 2.
[106] Ebd., 3.

en in Leitungsrollen" nur eine sich auf vier Diözesen beschränkende Erfassung aus dem Jahr 2004 gibt und zum anderen, weil die unterschiedlichen Strukturen und Nomenklaturen in den Diözesen einen Vergleich schwer machen.[107] Aus einer am 20.02.2013 veröffentlichten Pressemitteilung der DBK, die ebenfalls auf Recherchen von A. Qualbrink beruht, geht hervor, dass der Frauenanteil auf der mittleren und oberen Leitungsebene in den letzten Jahren und speziell auch im Jahre 2012 signifikant gestiegen ist.[108] Festgestellt wird in dieser Mitteilung allerdings auch: „Hinsichtlich der Ausbildung jener Personen, die Stellen auf oberer und mittlerer Leitungsebene der Generalvikariate/Ordinariate besetzen, kann gesagt werden, dass auf beiden Ebenen mehr Frauen mit nicht-theologischer als mit theologischer Expertise tätig sind. Auf beiden Ebenen machen die Frauen mit theologischer Expertise den kleinsten Anteil unter den Personen mit theologischer Expertise insgesamt aus. Auf der oberen Leitungsebene bilden die Priester den größten Anteil der Personen mit theologischer Expertise, auf mittlerer Ebene sind es nach Datenlage die Männer."[109]

Betrachtet man die Ebene unterhalb der Bistumsleitung im Bereich von Haupt- und Ehrenamtlichen so stellt man fest, dass auch hier die Verantwortungsbereiche von Frauen oft andere Schwerpunkte beinhalten als die von Männern. Ein Blick auf das Ehrenamt zeigt beispielsweise, dass ehrenamtlich engagierte Frauen eher karitative Aufgaben übernehmen und nur selten Gremien angehören, in denen Finanzentscheidungen getroffen werden.[110] Auch wenn es immer noch sehr viel mehr Frauen als Männer sind, die sich im kirchlichen Bereich engagieren, so sind selbst die nicht an den Klerus gebundenen, jedoch in Macht- und Finanzfragen entscheidenden Positionen, nach wie vor allem von Männern besetzt.

Auf dem Hintergrund dieser Tatsache ist interessant, dass es im kirchlichen Bereich auch einige wenige Beispiele gibt, wo Führung nicht männerdominiert geschieht. Ein Beispiel ist die dem Bereich der Caritas zugehörige Marienhaus-Stiftung, die zu den größten karitativen Arbeitgebern in Deutschland gehört. Hervorgegangen ist sie aus der Gemeinschaft der Waldbreitbacher Franziskanerinnen. Sie ist ein Beispiel dafür, wie eine von Frauen gegründete und geleitete Organisation Veränderungsprozesse so meistert, dass das Unternehmen Bestand hat und sogar wächst. Die Tatsache, dass der Nachwuchs an Ordensfrauen ausblieb, führte nicht zu einem sukzessiven Abbau von Aktivitäten – im Gegenteil, er führte dazu, Pläne zu schmieden und in die Tat umzusetzen, wie die christlich-franziskanische Unternehmensphilosophie auch in Zukunft verwirklicht werden kann. Ein konkretes Beispiel, wie das gehen kann, ist die Entscheidung,

---

[107] Ebd., 2.
[108] Vgl. DBK 2013, 2.
[109] Ebd., 3.
[110] Vgl. Klein, in: Keul 2009, 82.

als Krankenhausleiterinnen der Marienhaus-Stiftung anstelle der bisherigen Ordensfrauen sogenannte weltliche Oberinnen einzusetzen, die nicht der Ordensgemeinschaft angehören und gleichzeitig doch bereit und in der Lage sind, „Garantinnen für Menschlichkeit zu sein und trotz ökonomischer Zwänge, dem christlichen Geist Raum zu geben und dem kirchlichen Auftrag gerecht zu werden."[111] Da ein solches frauengeführtes Unternehmen im Bereich der kath. Kirche eine Ausnahme darstellt, wurden zwei Frauen mit Leitungspositionen in der Marienhaus-Stiftung in die Befragung der Voruntersuchung miteinbezogen.

### 2.3.3. Hauptberufliche Mitarbeiterinnen in der Pastoral

### 2.3.3.1. Die Berufe der Gemeinde- und Pastoralreferenten/-in

Unter hauptberuflich eingesetztem pastoralen Personal, oft auch bezeichnet als Seelsorgepersonal, versteht man Priester, Diakone und hauptberufliche pastorale Laienmitarbeiter/-innen. Für letztere gelten in den meisten Diözesen die Berufsbezeichnungen Gemeinde- bzw. Pastoralreferent/-in. Diese beiden Laienberufe haben eine je unterschiedliche Entstehungsgeschichte.

Nachdem es bereits seit Anfang des 20. Jahrhunderts erste berufliche Einsätze von Frauen als Gemeindehelferinnen gab, wurden ab 1920 auf der Grundlage einer kirchlichen Ausbildung Seelsorgehelferinnen angestellt.[112] Nach dem II. Vatikanischen Konzil wurde die Berufsbezeichnung in Gemeindereferent/-in umgeändert und an Fachhochschulen ein entsprechender Studiengang eingerichtet.[113] Seit 1978 gibt es seitens der Deutschen Bischofskonferenz Rahmenstatuten für den Beruf.[114] Ebenfalls 1978/79 wurde der Beruf Pastoralreferent/-in für Laientheologen/-innen konstituiert.[115] Nachdem zunächst seit 1948 der vom Priesterberufswunsch unabhängige Zugang zum Theologiestudium von Frauen und Männern erstritten worden war, wurde nun auf dem Hintergrund des Konzils und des sich abzeichnenden Priestermangels ein pastoraler Beruf auf der Grundlage eines Hochschulstudiums ermöglicht. Für beide Berufsgruppen gilt, im Gegensatz zum Priesterberuf, dass sie nicht zur Ursprungsordnung der katholischen Kirche gehören, sondern Dienstleistungsberufe sind, die sich die Kirche leisten kann, wenn Sie die Mittel dazu und das Interesse daran hat, auf die sie aber auch verzichten kann.[116] Die Chance besteht hierbei darin, dass der Spielraum der Einsatzmöglichkeiten vergleichsweise groß ist, was gerade in

---

[111] Magar 2012, 2.
[112] Vgl. Bender, Graßl, Motzkau, Schuhmacher 1996, 157.
[113] Ebd.
[114] Ebd.
[115] Vgl. ebd., 200.
[116] Vgl. Dessoy 2007, 2.

Zeiten des Umbruchs bzw. permanenter Veränderung eines Unternehmens ein Vorteil ist – wenn er denn genutzt wird. Während der Beruf des Gemeindereferenten von seinem Ursprung her ein Frauenberuf ist, war der Beruf des Pastoralreferenten zunächst vor allem ein Männerberuf, der u.a. von vielen verheirateten Männern ergriffen wurde, denen aufgrund der Zölibatsverpflichtung der Zugang zur Priesterweihe verwehrt war.

Im Jahr 2011 gab es in den deutschen Bistümern insgesamt ca. 3000 PR, davon 1300 Frauen und 4470 GR, davon 3400 Frauen.[117] Dies zeigt, dass sich die Zahlen bei beiden Berufsgruppen, was die Geschlechterverteilung anbelangt, angenähert haben, wobei der Frauenanteil beim GR immer noch bei etwa 75% liegt. Erkennbar ist auch, dass nur etwas mehr als ein Drittel der Frauen im Bereich des Seelsorgepersonals den PR angehört.[118] Auch wenn im Vergleich mit älteren Statistiken festgestellt werden kann, dass die Zahl einen Höchststand erreicht hat, ist es eine Tatsache – ablesbar an der Zahl der Studierenden und Bewerber – , dass das Interesse an allen vier pastoralen Berufen rückläufig ist, so dass man auch unabhängig von den Priesterzahlen von einem Fachkräftemangel im pastoralen Bereich sprechen kann. Dies gilt vor allem dann, wenn ein flächendeckender Einsatz im operativen Geschäft angestrebt wird.

Die bistumsübergreifenden Hauptunterschiede bei den Berufsgruppen GR und PR liegen zum einen darin, dass für den Beruf des PR ein Hochschulabschluss erforderlich ist. Die Grundlage für den Beruf GR ist ein Fachhochschulabschluss oder – und hier gibt es bereits unterschiedliche Regelungen – ein kircheninterner Abschluss an einer Fachakademie oder z.T. auch ein Fernkurs. Aus dieser Voraussetzung leitet sich zum anderen die unterschiedliche Bezahlung ab. Da die Kirchen ihre Eingruppierungsregelungen an den Möglichkeiten ausrichten, die der öffentliche Dienst entwickelt hat, erhalten GR ein Gehalt im Bereich der Entgeltgruppen 9-11, PR werden aufgrund des Studienabschluss auf jeden Fall mindestens in EG 13 eingruppiert. Da die Berufsträger/-innen in vielen Diözesen kaum Unterschiede wahrnehmen, was ihre Einsatzbereiche und ihre Tätigkeit in der Seelsorge anbelangt, führt dies bisweilen zu Unzufriedenheit bei den GR. PR hingegen haben angesichts von Bestrebungen, die Berufe unabhängig von der Ausbildung einander anzugleichen, die Sorge, dass ihre theologische Qualifizierung nicht ausreichend wertgeschätzt wird. Sie tendieren deshalb eher zu einer Aufrechterhaltung der Unterschiedlichkeit der Berufe, während GR, abgesehen von Gehaltswünschen nach dem Motto: 'gleiches Geld für gleiche Arbeit', Wert darauf legen, dass sie entsprechend ihrer Kompetenzen und teilweise auch recht differenzierten (Zusatz)-qualifikationen vielseitig eingesetzt werden und nicht auf interessante Stellen verzichten müssen, um zu gewährleisten, dass sich der Einsatz von PR und GR unterscheidet. Während die

---

[117] Vgl. DBK-Statistik 2012, 13.
[118] Vgl. ebd.

Berufsträger/-innen selber, wie auch einige Bischöfe, eine gewisse Konkurrenzsituation erleben und zum Teil auch forcieren, spricht die DBK insgesamt in einem Papier mit dem Titel „Rahmenstatuten und -ordnungen für Gemeinde- und Pastoralreferenten/Referentinnen" deutlich von den Laien im pastoralen Dienst und benennt neben einer Fülle von für alle denkbaren Tätigkeiten nur sehr wenige berufsgruppenspezifische Bereiche.[119]

### 2.3.3.2. Aktuelle Situation und Herausforderungen

In einem Artikel mit der Überschrift: „Graue Mäuse – komische Käuze" berichtet der Theologe und Sozialwissenschaftler Matthias Sellmann darüber, dass er als Initiator und Koordinator der Sinus-Kirchen-Studie den Eindruck gewonnen hat, dass Priester und Bischöfe eher dem konservativen Kulturmuster angehören, Respekt gegenüber Autoritäten und ein sakramentales Kirchenverständnis zeigen, gerne auf Bewährtes setzen und sich schwer tun mit modernem Pluralismus.[120] GR und PR hingegen rekrutierten sich vor allem aus dem postmateriellen Milieu und seien von daher stark auf das Spirituelle, Politische und Diakonische des Christseins ausgerichtet, was bisweilen eine gewisse Befindlichkeitsorientierung in der Arbeit mit sich bringe.[121]

Diese unterschiedliche Zugehörigkeit kann in der Zusammenarbeit im Pastoralteam für Differenzen sorgen, kann aber auch den Blick weiten und möglicherweise die Bereitschaft stärken, noch weit über die je eigene Welt hinaus Kontakt zu Angehörigen anderer Milieus zu suchen. Diese Bereitschaft ist dringend erforderlich, da pastorale Mitarbeiter/-innen zunehmend nicht nur mit Finanzproblemen und Personalrückgang konfrontiert sind, sondern mit einer breiten Pluralität von Kirchenbildern und Bedürfnissen.[122] Das nachkonziliare Modell „Pfarrfamilie" hat weitgehend ausgedient,[123] gewünscht wird sehr viel mehr rituelle Lebensbegleitung.[124] Es mag durchaus noch Gemeindemitglieder geben, die z.B. nach der Erstkommunionfeier eine Zugehörigkeit zu einem christlichen Familienkreis oder das Eingebunden sein des Kommunionkinds in eine Jugendgruppe wünschen. Die meisten jedoch möchten einfach ein schönes Fest feiern. Um diesem Wunsch wahrnehmend, professionell und niveauvoll zu begegnen und um im Vorbereiten und Feiern des Events Zugangsmöglichkeiten

---

[119] DBK, Rahmenstatuten 2011, 21.
[120] Vgl. Sellmann, 2009, 47.
[121] „Ausgeblendet bleibt dabei, dass man in erster Linie ja schließlich Geld dafür bekommt, pastorale Probleme zu lösen und nicht, sich wohl zu fühlen. Auch ein Feuerwehrmann steht ja nicht vor einem brennenden Haus und verweigert das Löschen mit den Worten: „Ach ne, das brennt ja jetzt nicht so spannend..." (Sellmann 2009, 47).
[122] Vgl. Schrappe 2012, 31.
[123] Vgl. ebd., 36.
[124] Vgl. ebd., 39.

zur christlichen Botschaft zu eröffnen – dafür braucht es Profis, die in der Lage sind, Ehrenamtliche zu beraten und zu begleiten.

Eine wichtige Aufgabe hauptberuflicher pastoraler Mitarbeiter/-innen ist es, sich in einem möglichst weiten Spektrum von pastoralen Orten und Gelegenheiten zu bewegen und darin eine Pastoral der Ermöglichung und Begleitung von Netzwerken, Projekten und Initiativen zu praktizieren.[125] Gefragt sind dabei neben operativen vor allem auch strategische Fähigkeiten, Führungs- und Steuerungskompetenz, die Fähigkeit, Personal- und Organisationsentwicklung zu verbinden und so konstruktiv die permanenten Veränderungsprozesse zu gestalten.[126] Ziel ist dabei nicht – wie in Profit-Unternehmen üblich – die Zukunft der Institution an sich zu sichern, Ziel ist es, die Verkündigung der Frohen Botschaft in den sich wandelnden Kontexten zu gewährleisten.[127] Um der Gefahr einer sich rein an den noch vorhandenen Kirchentreuen orientierten 'Good-bye-Lenin-Pastoral'[128] abzuarbeiten braucht es laut der Theologin und Personalentwicklerin Dr. Christine Schrappe vor allem Ambiguitätstoleranz und Chaoskompetenz,[129] sowie Gefühlsdisziplin angesichts der Vielfalt der pastoralen Orte, Unternehmergeist anstelle von Angestelltenmentalität und einen weit über Moderationsbereitschaft hinausgehenden Führungswillen.[130] Sie betont: „Es ist strukturelle Sünde und unternehmerische Dummheit, wenn – dauerhaft oder strategisch gewollt – Fähigkeiten von MA nicht oder zu wenig abgerufen werden, um bestehende Leitungsstrukturen nicht zu gefährden."[131]

---

[125] Vgl. Hobelsberger, 2012, 156.
[126] Vgl. Dessoy 2007, 5f.
[127] Vgl. Schrappe 2012, 75.
[128] Ebd., 142.
[129] Ebd., 196.
[130] Ebd., 286.
[131] Ebd., 160.

# Kapitel 3
# Interviews und Befragung – Die empirische Untersuchung

> „... und in dieser Situation sah ich plötzlich eine Phalanx von schwarz gekleideten Männern, und ich hatte wirklich den Eindruck, die merken jetzt so richtig: Da dringt eine Frau in unsere Sphäre ein. Wir können es vielleicht nicht mehr verhindern, aber wir müssen ihr schon mal klarmachen, dass wir wir sind und sie sie ist"[132]

Die Beobachtung, dass Frauen in der katholischen Kirche strukturell benachteiligt sind, insbesondere was das Erreichen von Führungspositionen anbelangt, war der Auslöser, in einer Voruntersuchung Interviews mit Frauen in kirchlichen Führungspositionen durchzuführen. Als Interviewpartnerinnen waren vor allem Theologinnen angefragt worden, weil es für sie – im Kernbereich in Kirche agierend – besonders schwer erscheint, Spitzenpositionen zu erlangen, selbst wenn diese grundsätzlich auch für Nicht-Kleriker offen sind. Aus den Ergebnissen der Interviews wurden dann Hypothesen und Fragestellungen entwickelt, die als Grundlage für eine bundesweite Befragung von PR und GR dienten.

## 3.1. Interviews mit Frauen in kirchlichen Führungspositionen

Ziel der Interviews war es, zu eruieren, welche Chancen, Potentiale, Schwierigkeiten und Entwicklungs- bzw. Handlungsbedarfe Frauen sehen, die selbst Führungserfahrungen im Unternehmen Kirche sammeln konnten.

Befragt wurden insgesamt sechs Personen: zwei Frauen in Leitungspositionen im sozial-karitativen Bereich, drei Frauen in Leitungspositionen im pastoralen Bereich verschiedener Ordinariate bzw. Generalvikariate, sowie eine Theologieprofessorin. Die Leitfragen lauteten:

- Was motiviert Frauen, eine Führungsposition in der katholischen Kirche zu übernehmen?
- Was war/ist hilfreich um eine solchen Leitungsrolle zu erhalten und auszugestalten – sowohl was Unterstützung von außen, als auch eigene Kompetenzen anbelangt?
- Gibt es spezifisch weibliche Stärken, die für Führungshandeln im Kontext Kirche hilfreich sind?
- Was macht es Frauen schwer, eine Führungsaufgabe in der katholischen Kirche anzustreben, zu erhalten und durchzuhalten?

---

[132] Zitat aus einem der Interviews mit weiblichen Führungspersonen

- Besteht eine Chance, dass Kirche für die Gesellschaft ein Modell für das partnerschaftliche und gleichwertige Zusammenleben und - wirken von Männern und Frauen werden kann?
- Welchen Veränderungsbedarf sehen Führungsfrauen im Blick auf die Organisation Kirche und welche Hinweise geben sie jungen Frauen auf dem Weg in eine kirchliche Leitungsaufgabe?

Aus langjähriger Kenntnis der Binnenperspektive des katholischen Systems war zu erwarten, dass die interviewten Frauen schwerpunktmäßig wie folgt antworten würden (Hypothesen):

- Neben der Freude an Mitarbeiterführung und der Möglichkeit, Kirche mitzugestalten, motiviert Frauen, Führungspositionen anzustreben, vor allem die Bereitschaft, einer Berufung zu folgen und die eigenen Charismen im Sinne der Erfüllung des Sendungsauftrags Jesu (Mt, 28.20) einzusetzen.
- Förderlich beim Erhalten und Gestalten einer solchen Position sind eine katholische Sozialisation, überdurchschnittliche Kompetenzen, ein passendes Netzwerk, Loyalität gegenüber der katholischen Kirche und im Gegenzug dazu das Vertrauen des Bischofs bzw. der jeweiligen Hierarchiespitze.
- Hilfreiche Kompetenzen in Führungspositionen, die eher Frauen zugesprochen werden, liegen in den Bereichen Kommunikation, Konsensfindung und Teamförderung.
- Erschwerend wirkt sich klerikal-konservatives Verhalten bestimmter Kreise aus, was eine besondere Brisanz erhält durch das althergebrachte katholische Frauenbild und die strukturelle Abwertung der Frauen im Zusammenhang mit dem Ausschluss von den Weiheämtern.
- Solange die Kirche Frauen von den Weiheämtern ausschließt, kann sie nicht Modell für Gleichwertigkeit sein. Gleichzeitig braucht es sehr viel mehr als nur Frauenordination, um dieses Ziel zu erreichen.
- Hinweisen werden die Frauen in Führungspositionen auf den langen Atem, den man braucht, um eine solche Position zu erhalten und zu behalten. Sofern sie selber zufrieden sind mit ihrer jetzigen Position, werden sie jüngeren Frauen Mut machen wollen, ihre Stärken einzubringen, ihre Netzwerke zu stabilisieren und sich durch Gegenwind nicht aus dem Konzept bringen zu lassen. Wer schlechte Erfahrungen gemacht hat oder bei Kolleginnen miterlebt hat, wird möglicherweise auch warnen oder abraten.

Der erste Schwerpunkt des Interviewleitfadens fokussierte den eigenen Weg in die aktuelle Führungsposition. Gefragt wurde nach der Motivation, nach Unterstützung und Förderern, nach Rückschlägen und Hindernissen, wie auch danach, ob im Rückblick der eine oder andere Vorgang davon beeinflusst wurde, dass sie eine Frau war.

In einem zweiten Fragenkomplex ging es um das Verhalten und Erleben und Führungssituationen. Wie gestaltet sich Kommunikation und Kooperation? Welche Rolle spielen Beziehungen und Netzwerke. Was unterscheidet dabei Männer und Frauen?

In einem letzten Schritt wurde der Gedanke vom partnerschaftlichen Zusammenwirken von Mann und Frau aus der Verlautbarung der Bischofskonferenz von 1981 aufgegriffen und auf dieser Grundlage nach Einschätzungen zum Thema Gleichwertigkeit von Mann und Frau, zur Problematik der bisher nicht erlaubten Frauenordination und auch zu möglichen zukunftsorientierte Schritten seitens der Kirchenleitung wie auch seitens kirchlich engagierter Frauen gefragt.

Alle sechs Interviews fanden im Frühjahr 2012 in den Büros der Interviewpartnerinnen statt und dauerten jeweils ca. eine Stunde. Die angefragten Frauen hatten gern und schnell zugesagt; die Terminvereinbarung gestaltete sich problemlos.

Die Auswertung der Interviews erfolgte qualitativ. Das Erkenntnisinteresse lag dabei primär auf den zentralen Tendenzen, also den Gemeinsamkeiten, und nur sekundär auf Unterschieden und Spezifika. Die Auswertung der Antworten ergab ein differenziertes Bild:

Im Blick auf die „Motivation" antworten die Befragten tendenziell so, wie es erwartet worden war: Reizvoll sei es, der eigenen Berufung folgend, spezifische Kompetenzen einbringen zu können und dadurch, wie auch durch die Möglichkeit der wertschätzenden und fördernden Personalentwicklung, die Zukunft des Unternehmens Kirche mitzugestalten.

Ähnlich verhielt es sich bei der Frage nach den Fähigkeiten, um als Frau eine Führungsposition in der Kirche zu erhalten und um darin erfolgreich zu sein. Die Wichtigkeit überdurchschnittlicher Kompetenzen u.a. in Bereichen wie Organisationsentwicklung, Management und Beratung, der Aufbau und die Pflege stabiler Netzwerke sowie die Bedeutung des Vertrauens seitens des Bischofs bzw. der Unternehmensleitung kamen in den Interviews immer wieder zur Sprache. Ergänzt wurden die erwarteten Antworten allerdings von mehreren Frauen durch differenzierende Hinweise zum Umgang mit möglichen Hürden und Schwierigkeiten. Mehrfach wurde betont, dass man die Fähigkeit brauche, mit Ambivalenzen gut umzugehen, u.a. wurde sogar empfohlen, zunächst eher brav und unauffällig aufzutreten.

Auch die Antworten auf die Frage zu den spezifischen weiblichen Stärken entsprachen in etwa dem, was dazu erwartet wurde: v.a. Empathie, Teamfähigkeit und Kommunikationskompetenz wurden immer wieder benannt. Gleichzeitig waren die Äußerungen zu dieser Fragestellung insgesamt eher vorsichtig, da es schwierig sei, hier pauschal zwischen Männern und Frauen zu unterscheiden und viele Stärken oder auch Schwächen doch eher in der Persönlichkeit insgesamt ihren Ursprung hätten und weniger einseitig im Geschlecht.

Das Spektrum der Antworten auf die Frage, was es Frauen schwer mache, eine Führungsaufgabe in der katholischen Kirche anzustreben, zu erhalten und durchzuhalten, war weitaus differenzierter und auch uneinheitlicher, als ursprünglich vermutet. Mehrfach wurde betont, dass Frauen anders als Männer permanent beweisen müssten, dass sie kompetent sind und dass sowohl Machtkämpfe insgesamt, als auch Angriffe speziell durch gegenüber der Führungsfrau misstrauisch gewordene Kolleginnen, viel Kraft kosteten. Ein typischer Vorwurf dabei sei, man habe sich an die Institution verkauft und stütze eine Männerkirche. Zur Sprache kam, dass es nach wie vor die Tendenz gebe, einflussreiche Stellen möglichst mit Priestern zu besetzen und Frauen in manchen Kreisen entweder massiver angegriffen würden als Männer oder aber schlicht ignoriert würden. Als erschwerend wurden auch die häufig zu beobachtende Harmoniebedürftigkeit von Frauen und das Festhalten an alten Rollenbildern benannt, nicht nur von Klerikerseite, sondern oft auch von Seiten der Frauen.

Beim Thema 'Kirche als Modell für das partnerschaftliche und gleichwertige Zusammenleben und - wirken von Männern und Frauen' wurde erwartungsgemäß die Ungleichbehandlung von Frauen und Männern im Hinblick auf das Weiheamt als besonders bremsend benannt. Kirche als Modell von Partnerschaft und Gleichwertigkeit ist für alle ein anzustrebendes Ziel, das jedoch unerreichbar bleibe, so lange die Ungleichbehandlung in Bezug auf das Weiheamt bestehen bleibe. Mehrfach wurde in dem Zusammenhang betont, dass die Zulassung der Frau zu den Weiheämtern nicht nur pragmatisch, sondern vor allem theologisch begründet sein müsse und dass dies allein nicht ausreiche, sondern dass in der Kirche insgesamt Veränderungen notwendig seien, was Strukturen und Ämter anbelange. Einige Frauen haben an dieser Stelle ausdrücklich betont, dass sie sich persönlich nicht benachteiligt oder abgewertet fühlen und es wurde nicht nur einmal gesagt, dass die Kirche von außen betrachtet frauenfeindlicher wirke, als sie es intern tatsächlich sei.

Interessant, wenn auch nicht wirklich verwunderlich, war bei diesem Themenbereich, dass die Nicht-Theologinnen mit dieser Fragestellung unbefangener umgehen konnten, als die Theologinnen. Bei letzteren entstand der Eindruck, dass sie der Argumentation des Lehramtes in Rom nicht in Allem folgen können, dass sie die Frage selbst sehr differenziert durchdenken und grundlegende Veränderungen für notwendig halten. Gleichzeitig brachten sie, zum Teil explizit, zumindest aber implizit, zum Ausdruck, dass ihre jeweiligen Bischöfe von ihnen erwarten, dass sie der unter 2.1. zitierten Aussage von Papst Johannes Paul II nicht offen widersprächen. Eine der Befragten sagte klar, dass die theologische Argumentation der Kirchenleitung auf sie schlecht und ideologisch überhöht wirke und ihr letztlich peinlich sei. Mehrfach wurde benannt, dass die Herrschaft in der katholischen Kirche eindeutig bei den Männern liege und dass es Kleriker gebe, die intensiv bemüht seien, dass dies auch so bleibe.

Zur Frage nach Hinweisen für junge Frauen entsprachen die Antworten den Hypothesen. Keine der Frauen würde einer eigenen Tochter abraten, in der katholischen Kirche zu arbeiten. Eine ließ allerdings durchblicken, dass sie sich doch etwas Sorgen machen würde, wenn die Tochter einen pastoralen Beruf anstreben würde.

Für den Gegenstand der Hauptuntersuchung (Einstellungen, Motive, Interessen und Befürchtungen von Frauen im Blick auf Führungspositionen in der katholischen Kirche) und die hierfür erforderliche Entwicklung eines Fragebogens waren die Ergebnisse der Interviews eine geeignete Grundlage. Die Äußerungen der Interviewpartnerinnen in der Voruntersuchung boten zahlreiche Anknüpfungspunkte und Hinweise. Hier einige Beispiele für Aussagen der Interviewpartnerinnen, die direkt in den Fragebogen übernommen wurden:

- Notwendig ist die Bereitschaft und Fähigkeit, mit der Ambivalenz von Ideal und Wirklichkeit konstruktiv umzugehen
- Unabdingbar ist das Vertrauen des Bischofs
- Hilfreich kann es sein, zunächst nicht zu sehr aufzufallen, sondern einfach mit zu schwimmen
- Frauen achten auf Schwingungen im Raum
- Frauen haben, mehr als Männer, die Begabung, die Landkarte des anderen zu lesen
- Frauen müssen ihre Kompetenz permanent beweisen
- der innere Zirkel ist Männern vorbehalten
- wenn ich das Thema 'Ämterfrage' aus meiner theologischen Qualifikation heraus bedenke, dann kommt mir die Argumentation der Kirchenleitung nahezu peinlich vor
- Frauen sollten auch in Führungspositionen weiblich bleiben und nie versuchen, zu sein wie ein Mann.

## 3.2. Befragung von Gemeinde- und Pastoralreferentinnen

Ausgehend von der Fachdiskussion und den Ergebnissen der Vorinterviews sollte die Hauptuntersuchung über eine bundesweite Befragung Auskunft darüber geben, wie pastorale Mitarbeiterinnen derzeit die Situation einschätzen, als Frau in der Kirche, speziell in der Pastoral, in Führungspositionen zu gelangen und diese erfolgreich und nachhaltig zu gestalten.

Auch wenn es interessant gewesen wäre, kirchliche Angestellte verschiedenster Berufsgruppen zum Thema „Frauen und Führung in der katholischen Kirche" zu befragen oder bei der Eingrenzung auf pastorale Berufe auch die Perspektive der männlichen Mitarbeiter zu ermitteln, so gab es doch gute Gründe, die Befragung auf Frauen in den beiden in Deutschland üblichen pastoralen

Laienberufen zu beschränken. Zum einen hätte eine Ausweitung des Kreises der Befragten den Rahmen der Arbeit gesprengt, zum anderen ermöglichte es die Beschränkung auf Frauen in Seelsorgeberufen, die eine oder andere Fragestellung spezifisch und detailliert auf diese Gruppe hin zu formulieren.

Aus statistischen Informationen der DBK[133] ist zu entnehmen, dass von den 7582 Mitarbeiter/-innen, die 2011 in Seelsorgeberufentätig waren, 77,5% der Berufsgruppe der GR und 22,5% der Gruppe der PR angehörten, war zu erwarten, dass sich dieses Zahlenverhältnis auch bei einer bundesweiten Befragung in etwa zeigen würde.

### 3.2.1. Verlauf der Befragung

Nach einer Pretestphase zur Optimierung des Fragebogens bestand der erste Schritt darin, Personen zu finden, die bereit waren, sich befragen zu lassen. Die Kontaktaufnahme geschah über die Emailverteiler der Berufsverbände beider Berufsgruppen, des bundesweiten Berufsverbands der PR und des Gemeindereferentinnen-Bundesverbandes.[134]

Abgesehen von diesem virtuellen Weg erschien die Bitte auch in der Ausgabe 2012/2 des Magazins des GR-Bundesverbands. Da seitens des Bundesverbands Gratisexemplare an alle Diözesen versandt werden, u.a. auch an die jeweiligen bischöflichen Beauftragten für die Berufsgruppen, hat die Bitte möglicherweise auch über die Mitgliedsgrenzen hinaus pastorale Mitarbeiterinnen erreicht.

In den Wochen nach der Emailaktion der Verbände gingen ca. 300 Emails ein, in denen Kolleginnen darum baten, ihnen den Fragebogen zuzusenden. Während des vorgegebenen Rücksendezeitraums, innerhalb dessen einmal eine Erinnerungsmail an die 300 Interessierten geschickt wurde, kamen 223 ausgefüllte Fragebögen zurück, davon etwa die Hälfte per Email und die andere Hälfte per Post. In die Auswertung flossen 222 der Bögen ein. In einem Bogen waren die Fragestellungen verändert worden, so dass er nicht berücksichtigt werden konnte. Für die Anonymisierung trugen die Rücksendenden Sorge, z.B. durch Postversand ohne Absender oder durch Nutzen einer von mir nicht identifizierbaren Emailadresse.

Da aus allen Diözesen, in denen es Verbandsmitglieder gibt, Rückmeldungen kamen, kann man grob geschätzt davon ausgehen, dass etwa 10% der Angeschriebenen sich letztlich an der Aktion beteiligt haben.

---

[133] DBK Zahlen und Fakten 2011/2012.
[134] Klar war, dass dadurch die östlichen Diözesen Dresden, Erfurt, Magdeburg und Görlitz nicht erreicht werden konnten, da es dort keine Berufsverbände gibt und auch, dass für den GR-Bereich diejenigen bayrischen Diözesen nicht erreicht wurden, in denen es keine Mitgliedsverbände des BVGR gibt.

## 3.2.2. Fragestellungen und Hypothesen

Der versandfertige Fragebogen hatte zwei Fragebereiche:

(1) Im ersten, personenbezogenen Teil wurde nach Alter, Beschäftigungszeit, Berufsgruppe, Qualifikationen, derzeitigem Tätigkeitsbereich und evtl. Erfahrungen als Dienstvorgesetzte gefragt.
(2) Im zweiten Teil des Fragebogens – dem Hauptteil – wurde nach Erfahrungen, Sichtweisen, Selbsteinschätzungen, Motiven und Interessen zum Thema Führung gefragt.

Durch die anonymen, personenbezogenen Angaben sollte die Möglichkeit eröffnet werden, Untergruppen zu vergleichen und so differenzierter auswerten zu können, um etwa alters- oder berufsgruppenspezifische Besonderheiten ermitteln zu können. Diesem Zweck diente auch die Möglichkeit, am Ende des Fragebogens die Zugehörigkeit zu einer bestimmten Diözese benennen.

Etwa die Hälfte der Fragen waren einfache Multiple-Choice-Aufgaben, bei denen es darum ging, das jeweils Zutreffende zu markieren. Bei den meisten anderen Fragen war ein Antwortspektrum, z.B. von „trifft genau zu" bis „trifft nicht zu" vorgegeben.

Darüber hinaus gab es offene Fragen zum Thema Motivation, zu typischen Merkmalen von Frauen in kirchlichen Führungspositionen, zum Thema Gleichberechtigung und zu Vorschlägen, wie der Frauenanteil im Führungsbereich der Kirche erhöht werden könnte.

Inhaltlich ging es im Hauptteil des Fragebogens um folgende Fragestellungen (Leitfragen):

- Leitfrage 1: Wie gezielt und woran konkret sind Frauen bezüglich Führungspositionen im kirchlichen Bereich interessiert?
- Leitfrage 2: Was motiviert Frauen, sich für Führungsaufgaben in der Kirche zu interessieren?
- Leitfrage 3: Welche Faktoren sind (in der Wahrnehmung der Befragten) entscheidend dafür, dass Frauen in der Kirche eine Führungsposition erhalten?
- Leitfrage 4: Lassen sich spezifische weibliche Kompetenzen, Stärken oder auch Führungsgrundsätze feststellen?
- Leitfrage 5: Welche Rolle spielt die Ungleichbehandlung der Frauen in der katholischen Kirche, vor allem was die Nichtzulassung zu den Ämtern anbelangt, und welchen Änderungs- und Handlungsbedarf sehen Theologinnen und Religionspädagoginnen?
- Leitfrage 6: Gibt es Besonderheiten, die sich aus dem Alter, der Ausbildung, der Berufsgruppenzugehörigkeit, des Studienabschlusses oder dem

Tätigkeitsschwerpunkt ableiten lassen?
- Leitfrage 7: (Wie) kann es dem Arbeitgeber katholische Kirche gelingen, kompetente Frauen für Führungspositionen zu gewinnen?

Die Antworten sollten darüber hinaus Hinweise liefern, mit welchen Chancen und Risiken es – aus Sicht der in der Pastoral tätigen Frauen – verbunden ist, wenn die Kirche den Weg in Richtung Gleichwertigkeit/-stellung von Mann und Frau konsequent vor allem auch im Führungsbereich beschreitet bzw. auch umgekehrt, wenn sie es nicht tut.

Aus der langjährigen Insiderperspektive, den theoretisch-konzeptionellen Vorüberlegungen und vor allem aus den Ergebnissen der Interviews wurden folgende Hypothesen zu den Leitfragen gebildet:

**(1) Grundsätzliches Interesse an und konkrete Präferenzen im Blick auf bestimmte Führungspositionen (Leitfrage 1)**

Aus den in Kapitel 2 skizzierten Studienergebnissen geht hervor, dass Frauen – zumindest in ihrer Selbstwahrnehmung – bereits bei der Wahl ihrer Studienfächer weniger karrierebewusst agieren als Männer und dass sie, auch wenn sie positive Erfahrungen in Führungsrollen gemacht haben und sich selbst als führungskompetent einschätzen, zurückhaltender als Männer dauerhaft Führungspositionen anstreben. Ein entsprechendes Ergebnis ergab sich auch aus der Voruntersuchung. Zieht man den Bereich des freiwilligen Engagements hinzu, stellt man fest, dass für Frauen, die sich ehrenamtlich engagieren, gilt, dass sie selten Positionen mit Finanzmacht besetzen, sondern ihre Fähigkeiten eher im sozial-diakonischen Bereich einbringen. Frauen, die einen pastoralen Beruf wählen, wissen, dass ihre Karrierechancen begrenzt sind und sie sind sich auch darüber im Klaren, dass Leitungsaufgaben für hauptberufliche Seelsorger/-innen in der Regel im Bereich permanenter oder projektartiger Begleitung Ehrenamtlicher liegen. Das Interesse oder zumindest die Bereitschaft, eine Führungsposition zu übernehmen, ergibt sich infolge dessen oft aus dem, was in verschiedenen Bereichen im operativen Geschäft erlebt wird. Zu vermuten ist deshalb:

Hypothese 1a:

Da Frauen im pastoralen Dienst ihre Führungskompetenz in der Regel in der Arbeit mit Ehrenamtlichen einüben, ist der Anteil der Frauen, die sich selbst eine hohe Führungserfahrung und -kompetenz zuschreiben deutlich höher als der Anteil derer, die direkte Erfahrungen als Dienstvorgesetzte haben.

Hypothese 1b:

Wenn Frauen im pastoralen Dienst sich selbst als führungserfahren, -qualifiziert und -kompetent einschätzen führt dies in der Regel dazu, dass sie zwar bereit sind, eine Führungsaufgabe zu übernehmen, dies aber nur in seltenen Fällen gezielt anstreben.

Hypothese 1c:

Frauen tendieren zahlenmäßig etwa in gleichem Maße dazu, Leitungsfunktion auf diözesaner Ebene, in einer (spirituellen oder bildungsorientierten) Einrichtung und in der Pfarrei oder einem Gemeindeverbund zu übernehmen. Eindeutige Präferenzen sind eher nicht zu erwarten.

**(2) Zur (Eigen-)Motivation (Leitfrage 2)**

In allen Interviews war klar erkennbar, dass die Frauen ihre Führungsposition als Chance wahrnehmen, das Unternehmen Kirche zukunftsorientiert mitzugestalten. Für eine der Befragten ermöglicht es die Leitungsstelle, strukturell arbeiten zu können. Eine andere ist hochmotiviert, für das zu kämpfen, was ihr wichtig ist. Eine Dritte sagte, dass sie sich unter mehreren interessanten Optionen ganz gezielt für den Kontext Kirchenentwicklung entschieden habe. Alle Interviewpartnerinnen äußerten, dass sie immer wieder ganz bewusst als Frau agierten und auch erlebten, dass dies in der Regel positiv und wertschätzend wahrgenommen werde. Voraussichtlich wird die Hauptuntersuchung Folgendes ergeben:

Hypothese 2a:

Frauen finden Führungspositionen in der Kirche reizvoll, um darin die Zukunft der Kirche (an entscheidenden Stellen) mitzugestalten. Mindestens ein Viertel der Befragten wird dies von sich aus als faktisches oder potentielles Motiv benennen.

Hypothese 2b:

Frauen finden Führungspositionen in der Kirche reizvoll, um frauenspezifische Akzente setzen zu können. Mindestens ein Viertel der Befragten wird dies von sich aus als faktisches oder potentielles Motiv benennen.

**(3) Wahrgenommene Entscheidungskriterien (Leitfrage 3)**

Bei den Interview-Fragen zu den Faktoren, die für das Erreichen und die nachhaltige Ausgestaltung einer Führungsposition hilfreich sind, benannten die Frauen in den Interviews zum einen fachliche Kompetenzen (z.B. im Bereich

Organisationsentwicklung), zum anderen aber auch soziale Kompetenzen (wie Kommunikations- und Netzwerkfähigkeit). Als besonders wichtig wurde das Vertrauen des Bischofs bzw. der obersten Führungsebene bezeichnet. Letzteres, wie auch die Betonung der Bedeutung persönlicher Fähigkeiten, korrespondiert mit der Tatsache, dass Führung in der Kirche im Wesentlichen personalisiert und über Beziehungen geschieht. Auf die Frage nach der Einschätzung, welche Kriterien bei denen, die für die Vergabe einer kirchlichen Führungsposition eine hervorgehobene Rolle spielen, ist Folgendes zu erwarten:

Hypothese 3:

Aus Sicht der Befragten sind personale Kompetenzen, Loyalität und die Identifikation mit dem System Kirche die wichtigsten Voraussetzungen dafür, in Entscheidungsverfahren zur Besetzung von Führungsposten gute Chancen zu haben. Führungsspezifischen Fachkompetenzen wird dagegen aus dem Blickwinkel 'Kriterien der Entscheider' eher eine geringe Bedeutung zugeschrieben.

**(4) Spezifische weibliche Kompetenzen, Stärken oder auch Führungsgrundsätze (Leitfrage 4)**

Es gibt Studien[135], in denen die Annahmen der Differenztheorie bestätigt werden: Sie scheinen zu bestätigen, dass Männer karriereorientierter agieren als Frauen oder auch, dass Frauen kooperativer und beziehungsorientierter agieren als Männer. Völlig unabhängig davon, ob dies tatsächlich insgesamt zutrifft und – falls ja – ob es angeboren oder anerzogen ist, werden diese Überlegungen in Fachkreisen und im Alltag oft als zutreffend und bedenkenswert betrachtet.

Auch die interviewten Führungsfrauen haben dazu im Großen und Ganzen zustimmende Überlegungen geäußert. Von daher ist davon auszugehen, dass auch die Hauptuntersuchung schwerpunktmäßig Folgendes ergeben wird:

Hypothese 4a:

Frauen denken, dass Frauen in Führungspositionen eher mitarbeiterorientiert sind. Daher wird ihnen stärker die Kompetenz zugeschrieben, die emotionale Qualität von Beziehungen und Situationen einzuschätzen (Empathie).

Hypothese 4b:

Frauen denken, dass Männer eher karriere- und selbstbezogen agieren. Daher werden ihnen stärker Eigenschaften zugeschrieben, wie „Selbstbewusstsein", „gerne die Hauptrolle spielen" und „Wert auf Statussymbole legen".

---

[135] Vgl. Henn 2012, 45ff.

Hypothese 4c:

Frauen legen in Führungspositionen besonderen Wert auf Softskills wie Teamarbeit und Mitarbeiterförderung.

## (5) (Un-)gleichbehandlung von Frauen und Männern in der Kirche (Leitfrage 5)

Das 1981 seitens der Bischofskonferenz formulierte Ziel, als Kirche Modell für das gleichwertige und partnerschaftliche Zusammenleben und – wirken von Männern und Frauen zu sein, ist bis heute nicht erreicht. Es wird ohne die Zulassung der Frauen zu den Weiheämtern letztlich auch unerreichbar bleiben. Das bedauern viele kirchlich Engagierte, so auch die in der Voruntersuchung interviewten Frauen. In den Fachdiskussionen ist man sich einig, dass eine Änderung dieser Vorschrift allein nicht ausreichen würde, um Kirche zukunftsfähiger zu machen. Dies wurde auch von einigen der befragten Frauen sehr deutlich geäußert. Was die Ergebnisse des Fragebogens anbelangt, ist deshalb von folgenden Tendenzen auszugehen:

Hypothese 5:

Deutlich weniger als 10% der Befragten werden den Ausschluss der Frauen vom Diakonen- und Priesteramt befürworten. Der weitaus überwiegende Teil wird sich für die Priesterweihe für Frauen aussprechen und das Ziel des Modells der Partnerschaftlichkeit von Mann und Frau als bisher unerreicht einstufen. Viele davon werden deutlich machen, dass sie die Argumentation der Kirchenleitung in dieser Frage für abwegig halten.

## (6) Spezifizierungen nach Alter, Berufsgruppenzugehörigkeit, Studienabschluss und Tätigkeitsschwerpunkt (Leitfrage 6)

Aus einer zu erwartenden Altersspanne von 25 bis 65 Jahren ist klar, dass unterschiedlich geprägte Generationen den Fragebogen beantworten werden: von älteren konzilsgeprägten Seelsorgerinnen, die mit Sorge die restaurativen Tendenzen in der Kirche betrachten, über Frauen um die 40, die in den 90er-Jahren schon ein wenig zu den Exoten gehörten, die sich noch für einen pastoralen Beruf interessierten, bis hin zu einer kleinen Gruppe junger Frauen mit vermutlich recht unterschiedlicher Motivation. Zum Teil sind sie sicher ähnlich kirchenkritisch wie die Älteren, zum Teil aber auch weit weg vom Aufbruch des Konzils und möglicherweise eher geprägt von papsttreuen Weltjugendtagsveranstaltungen. Unterschiede gibt es in der Gruppe der Befragten auch, was den Studienabschluss anbelangt – vom universitären Hochschulabschluss der PR bis hin zu einem berufsbegleitenden Fernkurs mancher GR. Was die Tätigkeitsschwerpunkte anbelangt sind einerseits viele Seelsorgerinnen berufsunabhängig in unterschiedlichsten Bereichen eingesetzt, insgesamt gesehen, wird ein territorialer Auftrag stärker bei GR vorkommen.

Ein weiterer – bei Beschäftigten und Personalverantwortlichen bekannter und diskutierter – Aspekt ist, dass diejenigen, die nicht territorial eingesetzt sind (und somit eine der oft besonders begehrten Stellen erhalten haben), nicht (mehr) ins Territorium (zurück)gehen möchten. Diejenigen hingegen, die ihre Tätigkeit an der Basis positiv als leitungsintensiv erleben, sind oft deshalb an einem echten und ermächtigenden Führungsauftrag interessiert, weil sie das, was sie tun, nicht mehr weiter nur als Lückenbüßer tun wollen.
Studienabschluss, Alter, ursprüngliche Berufswahl und Erfahrung mit konkreten Tätigkeitsfeldern haben möglicherweise Auswirkungen auf das Führungsinteresse.

Bei den Interviewpartnerinnen jedenfalls handelte es sich bis auf eine Ausnahme um Frauen mit universitärem Hochschulabschluss und alle hatten zuvor auf untergeordneten Ebenen Erfahrungen mit dem Tätigkeitsfeld sammeln können, in dem sie nun die Leitung wahrnehmen.

Hypothese 6a:

Pastoralreferentinnen streben als Hochschulabsolventinnen eher Führungspositionen an als Gemeindereferentinnen.

Hypothese 6b:

Personen zwischen 35 und 50 (mit Berufserfahrung und mit Aussicht auf eine noch ausstehende längere Phase der Berufstätigkeit) streben am ehesten Führungspositionen an.

Hypothese 6c:

Frauen, die im Territorium eingesetzt sind, sind eher interessiert bzw. bereit, Leitung einer Pfarrei oder eines Gemeindeverbunds zu übernehmen.

Hypothese 6d:

Die Haltung der 45-65jährigen Seelsorgerinnen ist gegenüber der Kirche kritischer als die ihrer jüngeren Kolleginnen. Kein Unterschied ist hierzu anzunehmen, was Berufsgruppen und Einsatzfelder angeht.

## (7) Was Kirche tun kann, um kompetente Führungsfrauen zu gewinnen (Leitfrage 7)

Seitens der interviewten Frauen wurden neben Vorschlägen dazu, was Frauen selbst tun können, u.a. vorgebracht, dass die Bischöfe Frauen stimmberechtigt in ihre Sitzungen einbeziehen sollten oder auch, dass die Notwendigkeit besteht, ganz gezielt Anreize zur Gewinnung von Frauen zu überlegen und in die Tat umzusetzen.

Hypothese 7:

Die befragten Frauen werden solche Überlegungen mit großer Mehrheit unterstützen und möglicherweise ergänzen, indem sie auf das Erfordernis familienfreundlicher Arbeitsbedingungen oder auf die Idee einer Frauenquote hinweisen werden.

# Kapitel 4
# Reflektiert und differenziert – Die Ergebnisse

## 4.1. Details zur Untersuchungsstichprobe

Ausgewertet wurden insgesamt 222 Fragebögen. Beteiligt haben sich an der Befragung 143 GR (64,4%) und 76 PR (34,2%), eine Studierende und zwei Personen aus anderen Berufsgruppen (vgl. Abb. 3).

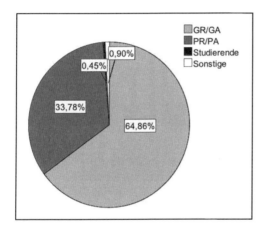

**Abb. 3:** Verteilung der Befragten nach Berufsgruppen (e.D.).

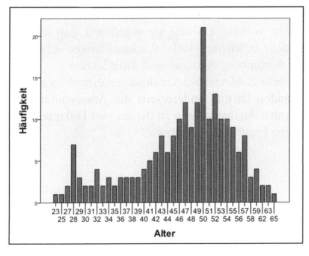

**Abb. 4:** Alter der Befragten (e.D.).

Das Durchschnittsalter beträgt 46,8 Jahre, wobei die jüngste Teilnehmerin 23, die älteste 65 und auffallend viele Tnn. zwischen 46 und 55 Jahre alt sind (vgl. Abb. 4):

Die Häufigkeitsverteilung bezüglich der Beschäftigungszeit der Befragten ergibt sich aus Abb. 5. Die durchschnittliche Beschäftigungszeit der Befragten in der katholischen Kirche liegt bei knapp 19 Jahren (vgl. Abb. 5).

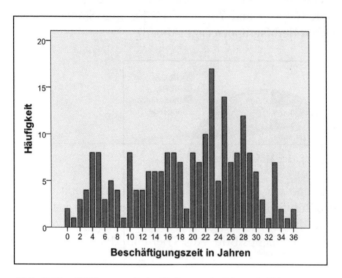

**Abb. 5:** Beschäftigungszeit der Befragten in Jahren (e.D.).

Was die Zugehörigkeit zu den einzelnen Diözesen angeht, war eigens auf die Freiwilligkeit der Angabe aufmerksam gemacht worden. Siebzehn Personen haben nicht angegeben, welcher Diözese sie angehören. Aus der Grafik Abb. 6 ist zu entnehmen, dass besonders viele Rückmeldungen aus den Bistümern Augsburg, Freiburg, Rottenburg-Stuttgart und Trier kamen.

Da durch die größere Zahl von Rückmeldungen einerseits eine gewisse Repräsentativität vorhanden ist und andererseits die Anonymität gewahrt bleibt, werden in den folgenden Auswertungen zu diesen vier Diözesen besonders auffällige bistumstypische Ergebnisse erwähnt.

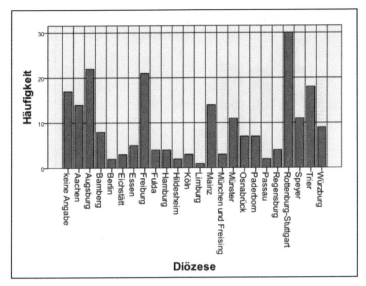

Abb. 6: Befragte nach Diözesen (e.D.).

Der Anteil der PR und GR an den Rückmeldungen insgesamt entspricht dem der Verteilung der Berufsgruppen, wie sie sich derzeit in der katholischen Kirche in Deutschland darstellt. Auf einzelne Diözesen bezogen zeigt sich allerdings ein sehr unterschiedliches Bild. Aus Trier und Mainz liegen beispielsweise ausschließlich Rückmeldungen von GR vor, aus Bamberg und Osnabrück hingegen nur von Rückmeldungen von PR.

Während für den Beruf des/der PR ein Hochschulabschluss (HS) unabdingbare Voraussetzung ist, ist bei GR ein Abschluss an einer Fachhochschule (FH) oder einer kirchlichen Fachakademie (FA) ausreichend, in einigen Diözesen genügt sogar ein Fernkursabschluss (FK). Aus den Ergebnissen der Befragung ist zu entnehmen: ca. 36% der Befragten haben einen Hochschulabschluss, 38% einen Fachhochschulabschluss, 16% haben die Fachakademie und 9% einen Fernkurs absolviert (vgl. Abb. 7).

76% der Befragten geben an, dass sie über diese für den Beruf konstitutive Voraussetzung hinaus mindestens eine weitere Berufsausbildung, ein Zweitstudium oder eine zertifizierte Zusatzqualifikation erworben haben. Besonders häufig werden von Angehörigen beider Berufsgruppen Qualifikationen in den Bereichen seelsorgerliche Gesprächsführung, geistliche Begleitung, Krankenhausseelsorge, Bibliodrama und Supervision benannt. Als berufsgruppenspezifische Besonderheit ist auffällig, dass einige GR kaufmännische Ausbildungen und einige PR Qualifizierungen im psychologischen und psychotherapeutischen Bereich angeben.

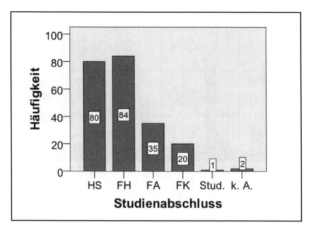

**Abb. 7:** Studienabschluss der Befragten (e.D.)

Was die derzeitigen Tätigkeiten bzw. Einsatzorte der Befragten anbelangt, war es möglich, aus einer vorgelegten und ggf. auch zu ergänzenden Liste die aktuellen Schwerpunkte zu benennen (Mehrfachnennungen möglich). Das Ergebnis (vgl. Abb. 8) zeigt, dass der Hauptschwerpunkt in der Territorialseelsorge liegt (147 Befragte). Wenige davon sind nur in einer Pfarrei, die meisten sind auf der Ebene eines Gemeindeverbundes bzw. einer Seelsorgeeinheit u.ä. eingesetzt.

Vergleicht man diesbezüglich die beiden Berufsgruppen, so zeigt sich, dass etwa 3/4 der befragten GR und etwas mehr als die Hälfte der befragten PR in der Territorialseelsorge eingesetzt sind (Abb. 8). 44 Personen benennen den Einsatz in der Schule (Religionsunterricht) und 48 geben Kategorialseelsorge an, 24 davon den Schwerpunkt Krankenhausseelsorge.

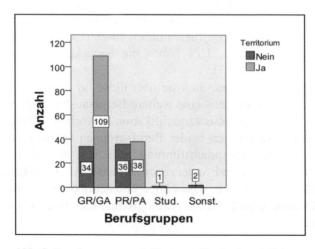

**Abb. 8:** Berufsgruppen nach Einsatzort Territorium (e.D.).

## 4.2. Details der Befragungsergebnisse

### 4.2.1. Erfahrung, Kompetenzen, Interesse und Motive

Hierbei ging es um zunächst um die Selbsteinschätzung zu den Bereichen Führungserfahrung, -kompetenz/-qualifikation und -interesse. Möglich war, sich für 'stark', 'durchschnittlich' oder 'wenig ausgeprägt' zu entscheiden. Hier das Ergebnis:

| Führung und Leitung | Ausprägung | | |
|---|---|---|---|
| | stark | durch-schnittlich | wenig |
| Meine Leitungserfahrung (Gremien, Projekte, selbständige Arbeitsbereiche..) ist | 58,1 | 41,0 | 0,9 |
| Meine Führungskompetenz ist (Begabung, Qualifikation...) ist... | 39,6 | 56,3 | 4,1 |
| Mein Interesse an einer Führungsposition ist... | 20,8 | 61,5 | 17,6 |

**Tab. 1:** Erfahrung, Kompetenz und Interesse an Führung und Leitung (e.D.)

Beim Vergleich der Angaben zu Leitungserfahrung bei PR und GR (vgl. Abb. 9) zeigt sich, dass die Verteilung zwischen 'stark' und 'durchschnittlich' bei PR prozentual etwa 51/48 und die bei GR etwa 63/36 ergibt:

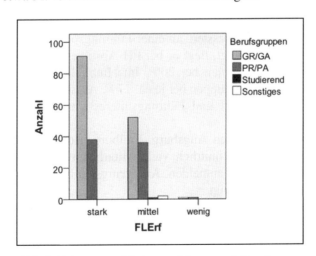

**Abb. 9:** Führungs- und Leitungserfahrung nach Berufsgruppen (e.D.)

Ergänzend dazu ist feststellbar, dass Mitarbeiterinnen im territorialen Einsatz ihre Leitungserfahrung und auch die Leitungskompetenz deutlich höher einschätzen als diejenigen in anderen Einsatzfeldern (Abb. 10). Da, wie oben benannt, GR stärker als PR territorial arbeiten, kann hier von einer Bedeutung des Einsatzortes ausgegangen werden: die Angehörigen der Berufsgruppe der GR, also diejenigen, die insgesamt stärker territorial eingesetzt sind als PR, schätzten ihre Erfahrung und Kompetenz im Bereich 'Führung' höher ein, als diejenigen (PR), die stärker kategoriale Stellen innehaben.

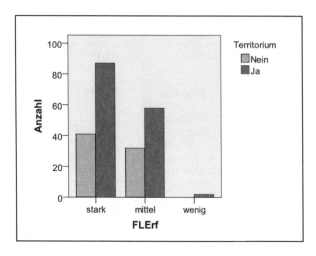

**Abb. 10:** Führungs- und Leitungserfahrung nach Einsatzort (e.D.).

Während der Wert 'stark interessiert' an einer Führungsposition' bei Hochschulabsolventinnen bei 16,5% liegt, liegt er bei FH-Absolventinnen bei 27,4% und bei Fachakademieabsolventinnen bei 20%. Im Hinblick auf den Wert 'wenig interessiert' liegen alle drei Gruppen bei je ca. 17%. Auswertungen in Bezug auf Alter oder Beschäftigungszeit und Führungsinteresse ergaben keine klar abgrenzbaren Besonderheiten.

Ein Vergleich der Diözesen Augsburg, Freiburg, Rottenburg-Stuttgart und Trier zeigt, dass überdurchschnittlich viele Mitarbeiterinnen aus Rottenburg-Stuttgart ein starkes Interesse anmelden. Am wenigsten Interesse wird von Mitarbeiterinnen aus Trier angezeigt.

In einer weiteren Frage zu diesem Themenbereich wurde unterschieden zwischen Frauen, die bereits Erfahrung in einer Führungsposition haben und Frauen, die keine Erfahrung damit haben. Als Kriterium für 'Führungsposition' wurde als Mindestbedingung die Vorgesetztenfunktion benannt. 57 der 222 Befragten geben an, Erfahrungen in Dienstvorgesetztenfunktion zu haben. 14% der Befragten als Vorgesetzte von 1-2 Mitarbeiter/-innen, 6,3% von 3-10 MA und

5,4% von mehr als 10 MA (vgl. Abb. 11). Von diesen 57 Frauen haben 32 angegeben, dass sie eine Führungsposition haben, 24 von diesen 32 gaben an, dass sie eine solche Position nicht direkt angestrebt hatten, nur 8mal lautete die Antwort 'Ich habe eine Führungsposition direkt angestrebt'. Dies entspricht in etwa 25%.

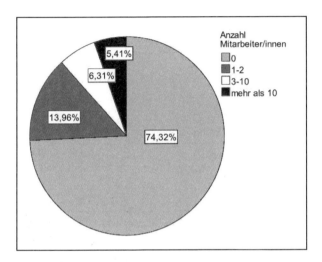

**Abb. 11**: Befragte in Dienstvorgesetztenfunktion – Führungsspanne (e.D.).

Die vergleichbare Frage dazu beantworten diejenigen ohne Führungsposition folgendermaßen: 58% geben an, nicht direkt eine Führungsposition anzustreben, 4,5% äußern, dass sie eine solche Position direkt anstreben. 22,1% benennen weder das eine noch das andere, so dass davon auszugehen ist, dass sie es bevorzugen, keine Führungsposition übernehmen zu müssen. Vergleicht man diese Antworten mit denen zum Stichwort 'Führungsinteresse' so fällt auf, dass 17% der Befragten ein starkes Führungsinteresse angeben, hingegen aber nur 4,5% derer ohne Führungsposition sagen, dass sie eine Führungsposition direkt anstreben.

Neben den allgemeinen Fragen zum Führungsinteresse gab es auch eine Frage, nach spezifischen Vorstellungen auf konkrete Führungspositionen hin (vgl. Tab. 2). Anhand einer abgeschlossenen Liste von 15 Möglichkeiten konnten die Befragten bis zu drei Möglichkeiten unter der Vorgabe 'angenommen, folgende Leitungsstellen wären frei...' ankreuzen. 11 Personen haben bei dieser Frage nichts angekreuzt, 20x werden mehr als drei Möglichkeiten benannt – diese Antworten wurden nicht in die Auswertung aufgenommen. Hier die absteigend sortierte Übersicht über die Ergebnisse (Tab. 2):

| Führungsaufgaben | insgesamt | GR | PR |
|---|---|---|---|
| Leiterin eines spirituellen Zentrums | 83 | 57 | 26 |
| Gemeindeleiterin gemäß can. 517, 2 CIC | 66 | 44 | 22 |
| Leiterin Abteilung kategoriale Pastoral | 45 | 22 | 25 |
| Leiterin einer Bildungseinrichtung | 45 | 28 | 17 |
| Leiterin Abteilung Gemeindepastoral | 40 | 30 | 10 |
| Leiterin Abteilung Pastorales Personal | 33 | 13 | 7 |
| Beauftragte für Ihre Berufsgruppe | 33 | 27 | 6 |
| Leiterin eines Gemeindeverbunds | 32 | 17 | 15 |
| Führungsposition außerhalb von Kirche | 23 | 12 | 11 |
| Leitung einer Einrichtung der Caritas | 20 | 13 | 7 |
| Führungsaufgabe in einem Verband | 20 | 12 | 8 |
| Stabsstelle Organisationsentwicklung | 14 | 8 | 6 |
| Führungsposition in einer Einrichtung eines Frauenordens | 8 | 5 | 3 |
| Führungsposition auf der Ebene der DBK | 4 | 3 | 1 |
| Geschäftsführung eines diözesanen Gremiums | 2 | 0 | 2 |

**Tab. 2:** Bevorzugte Führungsaufgaben (e.D.)

Die Übersicht zeigt, dass es große Unterschiede gibt, was das Interesse an konkreten Führungsaufgaben anbelangt. Bei den von hauptberuflichen Seelsorgerinnen besonders gewünschten Positionen handelt sich vor allem um 'Leiterin eines spirituellen Zentrums' und 'Gemeindeleiterin gemäß can. 517, 2 CIC'. Auffallend ist darüber hinaus, dass GR deutlich stärker als PR Interesse an der Stelle 'Beauftragte für ihre Berufsgruppe' benennen und PR im Durchschnitt ein deutlich höheres Interesse an einer Leitungsaufgabe im kategorialen Bereich, als Leiterin eines Gemeindeverbunds oder auch an einer Leitungsposition außerhalb von Kirche anzeigen. Bemerkenswert an der Stelle ist, dass insgesamt 10% der Befragten eine Führungsposition außerhalb von Kirche reizvoll fänden.

Eine Auswertung der Antworten dahin gehend, ob ein Zusammenhang zwischen grundsätzlich hohem Interesse an einer Führungsaufgabe und einer oder mehrerer der o.g. Stellen besteht, ergab, dass keine Wechselbeziehungen bestehen.

Was bei einer genaueren Betrachtung zum Bereich des territorialen bzw. nicht-territorialen Einsatzes auffällt, ist, dass Mitarbeiterinnen im Territorium überdurchschnittliches Interesse haben an der Leitung der Abteilung Gemeindepastoral wie auch an der Leitung eines Gemeindeverbunds. Ein Zusammenhang zwischen territorialem Einsatz und Interesse an der Leitung einer einzelnen Gemeinde gemäß can. 517,2 CIC ist nicht erkennbar. Mitarbeiterinnen, die nicht territorial eingesetzt sind, interessieren sich vor allem für die Stelle der Abteilungsleitung Kategoriale Pastoral. Darüber hinaus ist diese Gruppe auch stärker als die Territorialen interessiert an Leitungsstellen im Bereich Bildungseinrichtung und Organisationsentwicklung, wie auch an Führungspositionen außerhalb von Kirche.

Vergleicht man das Interesse an Führungspositionen außerhalb von Kirche mit den Angaben zum Führungsinteresse an sich, so zeigt sich, dass diejenigen, die starkes Interesse an einer Führungsposition angeben deutlich stärker an einer Führungsaufgabe außerhalb von Kirche interessiert sind als diejenigen, die ihr Interesse als durchschnittlich einordnen.

Zur Frage nach der Motivation bezüglich Führungspositionen wurden keine Auswahlmöglichkeiten vorgegeben, sondern es wurde folgende offene Frage gestellt:

'Was hat Sie motiviert bzw. was würde Sie in besonderer Weise motivieren, in der Kirche eine Führungsposition zu übernehmen? Nennen Sie die drei wichtigsten Motive.'

Bei der Auswertung zeigte sich, dass es Mehrfachnennungen und darunter auch klare Schwerpunkte gibt. Sie sind in der Tabelle 3 absteigend abgebildet. Auffallend ist, dass sehr viele Frauen als Motiv benennen, dass Sie in einer Führungsposition Kirche aus dieser Rolle heraus mit gestalten und – in der Regel – verändern wollen. Viele möchten dies gezielt als Frau tun, sie möchten ihre spezifischen Begabungen und Fähigkeiten einbringen, weil sie überzeugt sind, dass sie Leitung gut und z.T. besser als die erlebten Führungsverantwortlichen, wahrnehmen können.

Vergleicht man die Antworten im Hinblick auf die Berufsgruppen fällt auf, dass zwei Punkte zwar eher selten, wenn dann aber vor allem von GR benannt werden: die Hoffnung, in einer Führungsposition mehr Anerkennung zu bekommen und besser bezahlt zu werden.

| Motivation | insgesamt | PR | GR |
| --- | --- | --- | --- |
| (Kirche) gestalten – verändern – Impulse geben[136] | 103 | 40 | 63 |
| Als Frau (als Laie) leiten[137] | 62 | 25 | 37 |
| Eigene Begabungen und Fähigkeiten einbringen | 60 | 24 | 36 |
| Führung und Leitung an sich ('ich kann das') | 43 | 18 | 25 |
| Glaubensweitergabe / Spiritualität[138] | 30 | 7 | 23 |
| Menschenführung / Personalentwicklung | 26 | 7 | 19 |
| Verantwortung übernehmen | 26 | 10 | 16 |
| Besser leiten[139] | 20 | 6 | 12 |
| Teamarbeit gestalten | 20 | 6 | 12 |
| Persönliche Weiterentwicklung | 15 | 8 | 7 |
| Charismen entdecken und fördern | 13 | 4 | 9 |
| Bessere Bezahlung | 10 | 1 | 9 |
| Anerkennung erhalten | 5 | 0 | 5 |
| Kirche und Gesellschaft vernetzen | 5 | 3 | 2 |
| Zusammenarbeit Amt/Laien fördern | 4 | 3 | 1 |

**Tab. 3:** Motivation (e.D.).

### 4.2.2. Entscheidungskriterien und Chancen

Interessant ist, welche Faktoren aus Sicht der Befragten entscheidend sind, um in der Kirche eine Führungsposition zu erhalten. Eine Frage bezog sich auf diesen Aspekt und lautete: 'Was ist Ihrer Meinung nach entscheidend, um in der

---

[136] Beispiel 1: 'Ideen umsetzen, kreativ gestalten zu können ( nicht dauernd ausgebremst zu werden), originelle Ideen einbringen.' Beispiel 2: 'Eine Kirche durchsetzen zu können, die dem Geist des II. Vatikanums entspricht und den reaktionären Kräften die Stirn bietet.'
[137] Beispiel: 'Förderung der Balance zwischen „männlichen" und „weiblichen" Zugängen, Perspektiven, Erfahrungen, Gestaltungsformen, Themen, Zielen, Methoden usw.'
[138] Beispiel: 'Ich möchte aktiv daran mitarbeiten und z.T. mitbestimmen, wie wir das Evangelium ins Jetzt und Heute transportieren können, ohne mit allen Traditionen unbedingt zu brechen.'
[139] Beispiel: 'In vielen Bereichen der Kirche wird Führung nicht oder nicht professionell genug wahrgenommen. Das gilt es zu ändern.'

katholischen Kirche gute Chancen zu haben, eine Führungsposition zu erhalten?' Mögliche Antworten zu vorgegebenen Items waren: sehr wichtig / wichtig / weniger wichtig / unwichtig. Die folgende Zusammenstellung (vgl. Tab. 4) von Antworten ist absteigend aufgebaut. Für die Anordnung wurden die Werte von 'sehr wichtig' und 'wichtig' jeweils addiert:

| Was ist entscheidend, um gute Chancen zu haben, eine Führungsposition zu erhalten? | sehr wichtig | wichtig | weniger wichtig | unwichtig |
|---|---|---|---|---|
| Vertrauen des Bischofs bzw. der obersten Führungsperson | 64,9 | 27,5 | 6,3 | 0,0 |
| Bereitschaft, Verantwortung zu übernehmen | 47,7 | 37,4 | 11,3 | 0,0 |
| Selbstbewusstsein/ starkes Selbstwertgefühl | 46,4 | 36,0 | 13,5 | 0,9 |
| Lebensweise, die der kirchlichen Grundordnung[140] entspricht | 44,6 | 36,0 | 15,8 | 0,0 |
| Kommunikations-/ Kooperationskompetenz | 47,7 | 29,7 | 15,3 | 5,0 |
| 'Vitamin B' | 38,0 | 37,1 | 14,9 | 6,3 |
| Bereitschaft und Fähigkeit, mit der Ambivalenz von Ideal und Wirklichkeit konstruktiv umzugehen | 44,1 | 30,5 | 15,5 | 7,3 |
| Zuversicht, zu dieser Aufgabe berufen zu sein | 15,8 | 42,1 | 30,3 | 7,7 |
| Knowhow in PE und OE | 19,8 | 37,4 | 28,2 | 8,2 |
| Knowhow in Steuerung und Management | 20,5 | 35,5 | 30,5 | 8,2 |
| Fester Glaube | 20,5 | 35,0 | 35,0 | 5,5 |
| Nicht zu sehr auffallen, mitschwimmen, 'brav' sein | 15,8 | 27,5 | 20,7 | 33,3 |
| Demütig sein und bereit, sich unterzuordnen | 14,5 | 24,0 | 26.7 | 31.7 |

**Tab. 4:** Chancen auf Führungspositionen in der Kirche (e.D.)

---

[140] Die Grundordnung regelt u.a., dass Mitarbeiter/-innen in der katholischen Kirche sich verpflichten, die Grundsätze der katholischen Glaubens- und Sittenlehre zu befolgen (Loyalitätspflicht).

Auffällig ist, dass das Vertrauen des Bischofs, die Bereitschaft zur Übernahme von Verantwortung und eine Lebensweise nach der Grundordnung als besonders bedeutsame Voraussetzungen eingeschätzt werden, um eine Chance zu haben, eine Führungsposition zu erhalten. Am unteren Ende rangiert die Begabung, sich eher unauffällig zu verhalten, wobei allerdings doch mehr als ein Drittel der Befragten sagen, dass gerade diese Eigenschaften (sehr) wichtig seien.

Was darüber hinaus auffällt, ist, dass – obwohl es um das Thema 'Führung' geht – vergleichsweise viele Befragte den Eindruck haben, dass Knowhow in PE, OE, Steuerung und Management bei einer Bewerbung um eine Führungsposition keine besonders entscheidende Rolle spielt. Eine Überprüfung, ob sich in diesen Punkten die Einschätzungen je nach Berufsgruppe, Einsatzbereich, Alter oder Betriebszugehörigkeit unterscheiden ergab kaum Unterschiede. Nur bei den Faktoren 'nicht auffallen' und 'sich unterordnen' verschieben sich die Ergebnisse bei zunehmendem Alter und Betriebszugehörigkeit in Richtung 'weniger wichtig' und 'unwichtig'. Außerdem es sind im Schnitt etwas mehr GR als PR, die diese Eigenschaften als 'unwichtig' bezeichnen (vgl. Abb. 12 und 13).

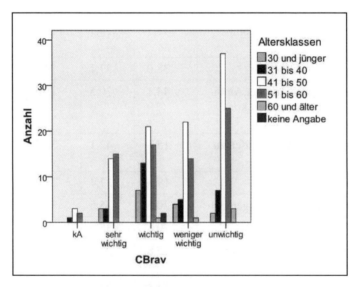

**Abb. 12:** 'Brav sein' nach Altersklassen (e.D.).

Einen mit jeweils ca. 80% extrem hohen Wert hat die Einschätzung 'sehr wichtig/wichtig' für die Bereiche 'Unterordnung/ nicht auffallen' in Augsburg. In Trier hingegen haben nur 33% den Eindruck, dass es wichtig sei, unauffällig und brav mit zu schwimmen. Die Bedeutung von „Vitamin B" wird in Augsburg und Rottenburg-Stuttgart deutlich höher eingeschätzt als in Freiburg.

Reflektiert und differenziert – Die Ergebnisse 65

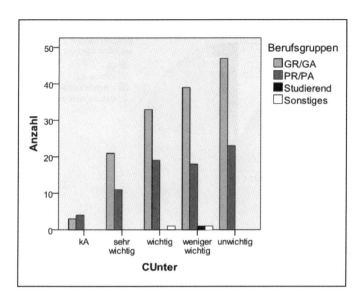

**Abb. 13**: 'Unterordnung' nach Berufsgruppen (e.D.)

### 4.2.3. Geschlechtsspezifika

Bei einer der Fragen zum Themenbereich Mann/Frau in Führungspositionen wurde ein Satz zitiert, den eine Interviewpartnerin besonders betont hatte:„Frauen sollten auch in Führungspositionen weiblich bleiben und nie versuchen zu sein wie ein Mann." Einige Fragebogenbearbeiterinnen haben an dieser Stelle handschriftlich angemerkt, dass sie die Frage sehr eigenartig finden oder auch, dass sie keine Antwort geben möchten, weil unklar sei, wie hier 'weiblich' definiert sei. Trotz dieser Bedenken ergab sich insgesamt folgendes Ergebnis (Abb. 14):

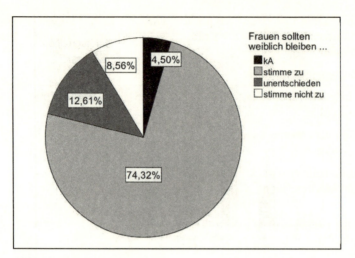

**Abb. 14:** Weiblich bleiben (e.D.)

Auch bei einer weiteren, detaillierteren Frage wurden Items gewählt, die in den Interviews benannt worden waren, um typisch weibliche oder auch männliche Eigenschaften von Führungspersonen zu benennen. Das Ergebnis ist in der Tabelle 5 aufgelistet – ausgehend vom höchsten Wert bezüglich 'typisch Frau + eher weiblich'

Aus der Tabelle ist ersichtlich, dass die Befragten vor allem die ersten fünf Punkte als typisch weiblich bewerten und die letzten beiden Punkte als typisch männlich. Kommunikationskompetenz, Teamfähigkeit, Netzwerkbildung und vor allem Besonnenheit fallen in der Liste dadurch auf, dass sie die höchsten Werte im Bereich 'kein Unterschied' haben. Besonderheiten, was Alters- oder Berufsgruppen anbelangt sind nicht feststellbar. Ergänzend zum Bisherigen wurde noch eine offene Frage gestellt: 'Gibt es eine Eigenschaft, die Ihrer Meinung nach besonders typisch für weibliche Führungskräfte im kirchlichen Bereich ist?' Tendenziell können in den Antworten drei Schwerpunktgruppen festgestellt werden: Eine ganze Reihe von Frauen werden als eher angepasst und zurückhaltend geschildert, bisweilen ergänzt durch Attribute wie alleinstehend, farblos oder wenig profiliert.[141] Eine andere Gruppe, wird als männlich wirkend, unnahbar und hart gegen sich und andere wahrgenommen.[142] Die meisten Zuschreibungen allerdings gehen in Richtung selbstbewusst, fraulich, emanzipiert, empathisch und ausdauernd.[143]

---

[141] Beispiel 1: 'Wenig attraktiv! Körperhaltung: schräg geneigter Kopf, Bild: eher Maus als Katze'; Beispiel 2: 'Inkompetent, aber fromm'.
[142] Beispiel:'Sie wirken oft männlich, eher kurz angebunden, oft barsch'.
[143] Beispiel 1: 'Sie haben immer das Gesamtgefüge im Blick, müssen oft schon einen Schritt weiter denken als alle anderen.'; Beispiel 1: 'Verbindlichkeit Loyalität; das

| Typische Eigenschaften von Frauen und Männern in Führungspositionen | typisch Frau | eher weiblich | kein Unterschied | eher männlich | typisch Mann |
|---|---|---|---|---|---|
| Achten auf Schwingungen im Raum | 20,7 | 69,8 | 7,7 | 0 | 0 |
| Der Anspruch, möglichst allem und allen gerecht zu werden | 24,3 | 63,5 | 9,0 | 0,5 | 0 |
| Die Befindlichkeit der anderen wahrnehmen und reflektieren | 16,2 | 70,3 | 11,3 | 0 | 0 |
| Mehr auf den Unternehmenszweck als auf die eigene Machtposition schauen | 3,6 | 59,5 | 28,8 | 5,4 | 0 |
| Die Begabung, die Landkarte des anderen zu lesen | 5,4 | 55,7 | 32,1 | 2,3 | 0 |
| Ausgeprägte Kommunikationskompetenz | 4,1 | 45,9 | 46,4 | 0,5 | 0 |
| Teams stärken | 2,7 | 43,2 | 49,5 | 2,3 | 0 |
| Netzwerke initiieren | 4,5 | 39,6 | 40,1 | 13,5 | 0 |
| Andere informieren und beteiligen | 1,8 | 32,9 | 59,9 | 2,7 | 0 |
| Besonnenheit | 0,9 | 26,6 | 61,7 | 8,1 | 0 |
| Selbstbewusstsein | 0 | 1,8 | 53,6 | 39,6 | 2,7 |
| Gern die Hauptrolle spielen | 0 | 1,4 | 24,8 | 56,3 | 14,4 |
| Wert legen auf Statussymbole | 0,5 | 0 | 14,9 | 65,8 | 15,8 |

**Tab. 5**: Geschlechtsspezifische Eigenschaften in Führungspositionen (e.D.). Zustimmung in %.

## 4.2.4. Hürden und Hindernisse

Zur Fragestellung 'Was macht es Frauen (in Kirche) schwer, in Führungspositionen durchzuhalten' finden sich die Antworten in Tab. 6. Die Items sind absteigend gewichtet, ausgerichtet an den addierten Zahlen von 'trifft genau zu / trifft zu'.

Bestreben, Konflikte zu lösen; hohes Kohärenzbestreben, Authentizität, Einsatz für Glauben und Leben, Sie haben einen hohen Anspruch an sich selbst.'

| Was macht es Frauen (in Kirche) schwer, in Führungspositionen durchzuhalten? | trifft genau zu | trifft etwas zu | trifft weniger zu | trifft nicht zu |
|---|---|---|---|---|
| Wenn Bischof und Diözesanleitung klerikerzentriert agieren | 76,6 | 18,9 | 2,7 | 0 |
| Der innere Zirkel ist Männern vorbehalten | 70,5 | 22,7 | 4,1 | 0,9 |
| Frauen müssen ihre Kompetenz permanent beweisen | 39,2 | 47,7 | 9 | 0,9 |
| Althergebrachte katholische Rollenerwartungen an Frauen | 33,9 | 47,1 | 14 | 3,2 |
| Probleme, Familie und Beruf unter einen Hut zu bringen | 17,1 | 54,5 | 20,7 | 5,9 |
| Konflikte, Machtkämpfe, Intrigen | 16,6 | 50,7 | 24,4 | 5,5 |
| Als Frau wird man eher angegriffen und kritisiert | 14,2 | 41,1 | 38,8 | 4,1 |
| Mitarbeiter/-innen haben insgesamt mehr Respekt vor männlichen Vorgesetzten | 11 | 40,1 | 37,4 | 9,1 |
| Frauen sind zu sehr auf Harmonie bedacht | 4,5 | 43,6 | 43,6 | 6,4 |
| Höhere moralische Ansprüche an Frauen als an Männer | 7,3 | 36,4 | 38,2 | 18,3 |
| Misstrauen bisheriger Kolleginnen und Kollegen | 7,2 | 33,3 | 45,9 | 11,3 |
| Der Vorwurf von Frauen, ein Männersystem zu unterstützen | 2,7 | 29,4 | 46,2 | 19,5 |
| Fehlende Qualifikation und Kompetenz | 0,9 | 4,5 | 15,3 | 77 |
| Frauen sind für Führungspositionen weniger geeignet | 0 | 0 | 9 | 89,2 |

**Tab. 6:** Was es Frauen schwer macht (e.D.). Zustimmung in %.

Der Tabelle ist zu entnehmen, dass sehr viele Frauen es so erleben, dass der innere Zirkel Männern vorbehalten ist und dass dies Frauen in Führungspositionen belastet. Als schwerwiegendes Problem wird es auch angesehen, wenn die Diözesanleitung klerikerzentriert agiert. Was, nach Einschätzung der Befragten, Frauen das Durchhalten in kirchlichen Führungspositionen außerdem schwer macht, sind althergebrachte katholische Vorstellungen, was die Rolle der Frau anbelangt, die Erfahrung, dass Frauen ihre Kompetenz permanent beweisen müssen und Schwierigkeiten, Familie und Beruf unter einen Hut zu bringen. Die meisten anderen, in der Regel aus den Interviews abgeleiteten, Probleme werden von weniger als der Hälfte der Befragten als Hindernis erlebt bzw. vermutet. Dass es bei einigen Punkten aber durchaus eine ganze Reihe von Frauen gibt, die dies kennen oder befürchten, ist ersichtlich. Eindeutig ist das Ergebnis im Hinblick auf die letzten beiden Punkte: es fehlt Frauen nicht an Eignung, Kompetenz und Qualifikation für Führungsposition.

| Wie ist Ihre Meinung zu folgenden Aussagen zum Thema „Gleichberechtigung Mann/Frau" sowie „Frauenordination? | Zustimmung in % |
|---|---|
| Die Herrschaft in der Kirche liegt eindeutig bei den Männern und es gibt Kleriker, die intensiv daran arbeiten, dass dies so bleibt. | 86,5 |
| Solange die Ungleichbehandlung in der Ämterfrage bleibt kann die Kirche kein Modell für das partnerschaftliche und gleichwertige Zusammenleben von Mann und Frau sein. | 82,9 |
| Notwendig ist nicht nur die Frauenordination – die Ämterstruktur insgesamt muss hinterfragt und reformiert werden. | 82,9 |
| Diakoninnen- wie auch Priesterweihe sollte selbstverständlich möglich sein. | 82,4 |
| Wenn ich das Thema 'Ämterfrage' aus meiner theologischen Qualifikation heraus überdenke, dann kommt mir die Argumentation der Kirchenleitung nahezu peinlich vor. | 71,2 |
| Die Herrschaft in der Kirche liegt eindeutig bei den Männern und es gibt zu viele Frauen, die das unterstützen. | 51,4 |
| Ich habe in meiner Tätigkeit in der Kirche erlebt, dass ich als Frau abgewertet werde. | 49,8 |
| Die Frage nach der Zulassung zu den Ämtern muss mehr theologisch als pragmatisch angegangen werden. | 35,6 |
| Von außen betrachtet wirkt die Kirche frauenfeindlicher, als sie es intern ist. | 27,9 |
| Die Kirche ist ein Modell für das partnerschaftliche und gleichwertige Zusammenleben von Mann und Frau. | 18,9 |
| Diakoninnenweihe wäre angemessen, Priesterinnenweihe aber nicht. | 8,1 |
| Frauen sollten weiterhin vom Diakonen- und Priesteramt ausgeschlossen sein. | 1,4 |

**Tab. 7:** Gleichberechtigung Mann/Frau (e.D.). Zustimmung in %.

Weitere wesentliche Facetten, zur Frage, welche Elemente Frauen als hinderlich erleben, zeigen die Antworten auf die Fragen zum Fokus 'Gleichberechtigung und Frauenordination.' Der bereits am Anfang der vorliegenden Arbeit zitierte Satz aus einer Verlautbarung der DBK aus dem Jahr 1981 wurde im Rahmen der Fragestellung zu Gleichberechtigung von Mann und Frau in der Kirche so aufgegriffen, dass das 'soll' im Satz durch ein 'ist' ersetzt wurde. Dahinter steht die Überlegung, dass ein vor 30 Jahren formuliertes Ziel auf Zielerreichung hin überprüft werden sollte. Hier die Übersicht über die Antworten zu diesem Fragenbereich – die Zustimmungen sind absteigend angeordnet:

Mehr als 80% der Befragten sind der Überzeugung, dass die Herrschaft in der Kirche bei den Männern liegt und dass es eine ganze Reihe von Klerikern gibt, die genau dies auch vehement aufrecht erhalten wollen, sowie, dass Kirche kein Modell für Gleichwertigkeit sein kann, solange der Ausschluss der Frauen von den Weiheämtern bestehen bleibe. Priesterweihe für Frauen sollte eine Selbstverständlichkeit sein und die Ämterstruktur insgesamt müsse reformiert werden. Mehr als 2/3 unterstützen darüber hinaus die Aussage, dass die Argumentation der Kirchenleitung unter theologischer Perspektive betrachtet peinlich wirke. Eine Frau hat an der Stelle ergänzend angemerkt, dass sie es bereits peinlich finde, dass solche Fragen zur Rolle der Frau in der Kirche überhaupt noch gestellt werden (müssten). Auffallend ist, dass durchschnittlich mehr GR als PR die Priesterweihe für Frauen fordern – unter denen mit einem Abschluss 'Theologie im Fernkurs' haben sogar 95% dieses Item angekreuzt.

Passend zu diesen Ergebnissen zeigen die letzten beiden benannten Punkte, dass lediglich ein sehr kleiner Teil nur die Diakoninnen-, nicht aber die Priesterweihe für angemessen hält. Einige, die dies angekreuzt haben, haben die Anmerkung hinzugefügt, dass sie dies nur als strategischen ersten Schritt betrachten. Gegen ein Weiheamt für Frauen haben sich 3 von 222 Befragten ausgesprochen, darunter eine sehr junge Frau, welche ergänzend anmerkte, dass sie als Frau in der Kirche doch sehr viel bewirken könne und dass sie sich dadurch, dass sie so ihre Fähigkeiten einbringen dürfe, wertgeschätzt fühle.

Betrachtet man einzelne Diözesen, so liegen Freiburg und Rottenburg-Stuttgart mit jeweils ca. 86% leicht über dem Durchschnitt, Augsburg mit 73% darunter.

Eine Auswertung der Antworten unter Berücksichtigung von Altersgruppen ergab, dass Frauen zwischen 50 und 60 Jahren sich besonders kirchenkritisch äußern. In dieser Gruppe sprechen sich 90% für die Priesterweihe der Frau aus. Deutlich wird die kritische Haltung auch bei der Antwort auf die Frage, ob die Argumentation der Kirchenleitung im Hinblick auf die Ämterfrage als peinlich empfunden wird (Abb. 15).

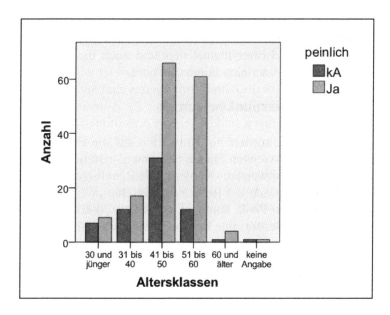

**Abb. 15**: Argumentation der Kirchenleitung ist peinlich (e.D.).

Festgestellt werden konnte außerdem, dass der Anteil der PR, die die Frage nach der Zulassung theologisch angehen möchten und die für gesamte Ämterstruktur Reformbedarf sehen, deutlich höher (jeweils über 50%) ist als der der GR. Außerdem haben PR öfter als GR angekreuzt, dass sie Abwertung als Frau erlebt haben.

Die ergänzende Frage zu diesem Themenbereich lautete: 'Gibt es etwas, das Sie darüber hinaus zu dieser Fragestellung dringend anmerken möchten?' Die Antworten auf diese Frage sind sehr zahlreich und spiegeln das o.g. schwerpunktmäßige Ergebnis wieder. Mehrfach werden Durchhalteparolen[144] geäußert und es wird dazu aufgefordert, alles, was möglich ist, zu nutzen[145] oder auch Grenzen zu überschreiten.[146] Manche raten zur Vorsicht,[147] andere äußern ihren

---

[144] Beispiel: 'Erst wenn die Macht habenden Männer in der Kirche (wohl erst notgedrungen) einsehen, dass sie sich für Gleichberechtigung einsetzen müssen, wird sich etwas ändern. Ich befürchte, es wird sich lange nichts ändern, ich hoffe auf einen langen Atem der Frauen.'
[145] Beispiel: 'Wenn die Möglichkeiten des II. Vatikanums genutzt würden und die darin grundgelegten „Neuerungen /Veränderungen" umgesetzt worden wären – wäre ich schon zufrieden!'
[146] Beispiel: 'Ich nehme in meiner Tätigkeit quasi priesterliche Aufgaben wahr (Lebensbilanz und Zuspruch – vgl. Beichte, Segnung und Salbung – vgl. Krankensalbung, Leben und Glauben miteinander teilen und Gottes Gegenwart feiern

Unmut[148], fragen nach der Glaubwürdigkeit der Kirche[149] und benennen, dass die Kirche wohl bereits den Zug verpasst habe,[150] die Fragwürdigkeit der Ämterfrage[151] insgesamt wird öfter thematisiert und auch die Einforderung von Frauensolidarität[152] wird von vielen Frauen benannt.

### 4.2.5. Weibliche Schwerpunktsetzungen

Tabelle 8 zeigt absteigend sortiert die Antworten auf die Frage, welche der – vornehmlich von den interviewten Frauen benannten – Grundsätze in Führungspositionen die Befragten anwenden (würden). Die Rangfolge ergibt sich aus der Summe der Antwortkategorien 'auf jeden Fall' und 'eher ja'.

Abgesehen vom letzten Punkt stimmen jeweils ca. 70-100% der Frauen den vorgegebenen Items zu. Bedeutsame Besonderheiten was Alter, Berufsgruppen, Diözesen u.a. anbelangt konnten nicht festgestellt werden.

---

im Hören auf sein Wort und im Brechen des Brotes – vgl. Eucharistie). Ich könnte mir gut vorstellen, es nicht „quasi" priesterlich, sondern als Priesterin zu tun.'

[147] Beispiel: 'Die Ämterfrage darf nicht auf Kosten einer Spaltung gelöst werden.'

[148] Beispiel: 'Wegen der fortdauernden Abwertung, Geringschätzung und Ablehnung von Frauen-Charismen und -Berufungen durch das rein männlich-zölibatär besetzte Leitungsamt in der Amtskirche gehen der Kirche (als „Volk Gottes") unzählige Kompetenzen und Begabungen verloren. Diese würden aber in der gegenwärtigen Situation pastoral und spirituell dringend gebraucht. Die tatsächliche Dramatik des zunehmenden Auszugs von Frauen aus der Kirche hat diese Leitung offensichtlich noch nicht erfasst bzw. verschließt sie die Augen davor und nimmt sie nicht ernst. Kritik daran ist nicht erwünscht (noch nicht einmal im sog. „Dialog-Prozess"), Selbstkritik findet auf diesem Gebiet sowieso nicht statt.'

[149] Beispiel: 'Die Zulassung der Frau zum Amt der Priesterin löst nicht alle Probleme der Kirche und entbindet nicht von der Aufgabe, die Ämter zu reformieren, aber sie ist bitter notwendig, um endlich zu einer geschwisterlichen Kirche zu werden, in der alle Kräfte und Berufungen gleichermaßen mitgestalten können.'

[150] Beispiel: 'Kirche hat Beispielfunktion und in der heutigen Gesellschaft wirkt sie mit ihren Argumentationen nicht mehr glaubwürdig.'

[151] Beispiel: 'Die Zulassung von Frauen zu den Weiheämtern wird nicht die Probleme der Kirche lösen.'

[152] Beispiel: 'Ich erlebe, dass viele Frauen sich sehr schwer tun, eine Weihe von Frauen zu Priesterinnen zu akzeptieren.'

Reflektiert und differenziert – Die Ergebnisse

| In einer Führungsposition würde ich... (bzw.: in meiner Führungsposition agiere ich so...) | auf jeden Fall | eher ja | eher nein | auf keinen Fall |
|---|---|---|---|---|
| Mitarbeiter fordern und fördern | 85,9 | 13,2 | 0 | 0 |
| Teamarbeit fördern | 88,7 | 9,9 | 0,5 | 0 |
| In der Regel gerne delegieren und den MA in der Aufgabenerfüllung Freiräume lassen | 57,9 | 39,8 | 0,9 | 0 |
| Eine Atmosphäre fördern, in der Spaß und persönliche Kontakte ihren Platz haben | 48,2 | 45 | 3,2 | 0,5 |
| In der Regel Coaching in Anspruch nehmen | 45,7 | 45,2 | 7,7 | 0 |
| Das, was ich für wichtig erachte, konsequent verlangen und durchsetzen | 27,7 | 50,0 | 17,3 | 2,7 |
| Allen MA meine Diensthandynummer geben | 42,3 | 31,5 | 17,1 | 6,8 |
| In von Männern dominierten Gremien mir wohl gesonnene Männer als Unterstützer einsetzen | 20 | 48,6 | 23,6 | 3,6 |
| Erst mal – und bei Bedarf immer wieder – deutlich machen, dass ich die Chefin bin | 2,3 | 28,6 | 54,1 | 11,4 |

**Tab. 8:** Agieren in Führungspositionen (e.D.). Zustimmung in %.

## 4.2.6. Maßnahmen zur Erhöhung des Frauenanteils

In den Interviews der Voruntersuchung wurde eine ganze Reihe von Vorschlägen geäußert, wie der Frauenanteil im Führungsbereich der katholischen Kirche erhöht werden könnte. Eine Auswahl davon wurde in den Fragebogen aufgenommen, um zu überprüfen wie groß die Zustimmung zu einzelnen Ideen ist. Abb. 9 zeigt die Ergebnisse in absteigend sortierter Zusammenstellung.

Ergänzend zu den vorgegeben Ideen bestand die Möglichkeit, einen weiteren Vorschlag zu diesem Themenbereich zu machen. Hier einige Beispiele dafür, was an der Stelle benannt wurde:
- Frauen nehmen Dinge, die ihnen wichtig sind, selbstständig in die Hand ohne ständig nachzufragen ob sie das dürfen oder nicht.
- Qualifizierte Frauen bewerben sich selbstverständlich auf Ausschreibungen für Führungsposten in der Kirche.
- Frauen sollten einen jährlichen Demonstrations- oder Streiktag einführen.
- Bei der Besetzung von Führungspositionen, die nicht Priestern vorbehalten sind, eine Frauenquote einführen (50%).
- Die Bischöfe sollten Mut beweisen, ihren Spielraum nutzen und schon jetzt Frauen in Führungspositionen einsetzen, wo es möglich ist!

- Um als Arbeitgeber für Frauen attraktiv zu bleiben, muss Kirche dringend das eigene Angebot für Fortbildung, Weiterbildung und Qualifizierung überdenken und ausbauen und dies nicht nur im Blick auf Führungskompetenz in Spitzenpositionen.
- Stellen im Führungsbereich müssen für Frauen wie für Männer familienfreundlich gestaltet sein.
- Zitat von Lea Ackermann beachten: 'Als Frau in der Kirche habe ich so wenig zu sagen, dass ich alles sagen kann.'

| Maßnahmen zur Erhöhung des Frauenanteils | Zustimmung in % |
|---|---|
| Der ständige Rat der DBK bezieht Frauen regelmäßig, paritätisch und stimmberechtigt in seine Sitzungen ein | 82,8 |
| Frauen vernetzen und verbünden sich mit Männern, die ihre Anliegen unterstützen | 68,9 |
| Frauen bilden verstärkt und strategisch klug Netzwerke | 64,4 |
| Frauen stärken sich gezielt gegenseitig | 63,1 |
| Die deutschen Bischöfe setzen sich in Rom für Gleichberechtigung der Frauen – einschließlich der Weihe – ein | 60,8 |
| Das Unternehmen Kirche setzt gezielt Anreize um attraktiv zu sein für Frauen | 55,4 |
| Ausgehend von den Bischöfen beschäftigen sich alle Führungsebenen mit Gender-Mainstreaming | 49,1 |

**Tab. 9**: Möglichkeiten, den Frauenanteil zu erhöhen (e.D.). Angaben in %.

## 4.3. Zusammenfassung der Ergebnisse

Obwohl nur ein Viertel der befragten Frauen Erfahrung als Dienstvorgesetzte hat, geben, wie erwartet, nahezu alle befragten Frauen im pastoralen Dienst an, dass sie Führungserfahrung haben und dass sie dafür kompetent und qualifiziert sind. Nahezu 60% geben an, dass ihre Leitungserfahrung in Bereichen wie Gremien, Projekte oder auch selbständige Arbeitsbereiche stark ausgeprägt sei. Bei der Selbsteinschätzung zu Kompetenz und Qualifikation sind es immer noch knapp 40%, die 'stark ausgeprägt' angeben, weitere 56% benennen hier 'durchschnittlich'. Wie erwartet sind die Werte bei der Frage nach dem Führungsinteresse geringer. Ca. 60% geben durchschnittliches Interesse an, die anderen 40% verteilen sich etwa je zur Hälfte in Richtung 'stark ausgeprägt' und 'wenig ausgeprägt'. Auffällig ist, dass GR, bzw. Mitarbeiterinnen die stärker territorial eingesetzt sind, noch mehr als PR sich selbst eine stark ausgeprägte Führungserfahrung zusprechen. Was Altersgruppen und Interesse an Führungspositionen angeht benennen Frauen zwischen 31 und 35 sowie Frauen zwischen 46 und 50 ein höheres Interesse als es in den anderen Altersgruppen der Fall ist. Die Auswertung zum Bereich Führungserfahrung und -interesse zeigt außerdem, dass nur etwa 25% derer, die eine Führungsaufgabe ausüben, diese gezielt angestrebt haben und dass von denjenigen ohne Führungsrolle ca. 58% evtl. bereit dafür wären. Gezielt angestrebt wird eine solche Position aber nur von 4,5%.

Angesichts eines realitätsnahen Auswahlspektrums konkreter Führungspositionen sind die Interessen der Frauen überraschend uneinheitlich. Etwa ein Drittel der Befragten hätte Interesse an der Leitung eines Spirituellen Zentrums, mehr als ein Viertel würde einen Auftrag als Gemeindeleiterin im Sinne von can. 517,2 CIC übernehmen. Bei einigen der Stellen (z.B.: Abteilungsleitung Kategoriale Pastoral) ist erkennbar, dass vor allem PR daran interessiert sind, bei manchen (z.B.: Leitung eines Gemeindeverbunds) sind diejenigen, die im Territorium eingesetzt sind, interessierter als die Übrigen. Reizvoll an Führungspositionen in der Kirche finden Frauen die Möglichkeit, ihre Kompetenzen – gerade auch als Frau - einzubringen und die Zukunft der Kirche mitzugestalten.

Gefragt nach ihrer Einschätzung, worauf die Entscheider bei der Besetzung von Führungspositionen im kirchlichen Bereich wohl besonders großen Wert legen, äußerten die Frauen, dass ihrer Wahrnehmung nach vor allem personale Kompetenzen, Loyalität und die Identifikation mit dem System Kirche wichtig sind, führungstypische Fachkompetenzen wie Knowhow in OE und PE stehen ihrer Einschätzung nach bei der Auswahl nicht so sehr im Vordergrund. Einige Frauen haben an dieser Stelle durch Anmerkungen zum Ausdruck gebracht, dass sie selbst anders, d.h. zugunsten der Fachkompetenzen gewichten würden.

Insgesamt schätzen die befragten Frauen es so ein, dass Frauen mitarbeiter- und teamorientierter, sowie empathischer führen als Männer und sehr viel weniger als diese Wert legen auf Statussymbole und darauf, die Hauptrolle zu spielen.

Die Antworten auf die Fragen zum Bereich Gleichberechtigung und Ämterfrage zeigen, dass sich nur sehr wenige Frauen explizit für einen weiteren Ausschluss der Frauen von den Weiheämtern aussprechen. Mehr als 80% sprechen sich für eine Veränderung aus, einige davon halten einen schrittweisen Weg – zunächst Diakoninnen-, später Priesterweihe ermöglichen – für praktikabel. Vor allem PR halten eine professionelle theologische Reflexion der Fragestellung für erforderlich. Die derzeitigen Argumente der Kirchenleitung erscheinen vielen Seelsorgerinnen nicht nachvollziehbar. Besonders kirchenkritisch zeigen sich gerade bei diesem Fragenbereich Frauen im Alter zwischen 50 und 60 Jahren.

Frauen zwischen 36 und 60 Jahren unterstützen besonders stark die Idee, dass Frauen seitens der Bischöfe stimmberechtigt in die DBK einbezogen werden sollten. Die Notwendigkeit als Kirche gezielt Anreize für Frauen zu setzen wird von den 31-55jährigen für eher wichtig gehalten, ganz besondere Notwendigkeit sehen hier die Frauen zwischen 41 und 45.

Eine Beschäftigung mit Genderthemen wird für weniger wichtig erachtet und Forderungen nach einer Frauenquote gibt es nur vereinzelt.

# Kapitel 5
# Selbstbewusst, motiviert und auf dem Sprung – Bewertung

## 5.1. Bereit, Verantwortung zu übernehmen

Die erste Hypothese zu Leitfrage 1 wurde durch die Antworten der Befragten bestätigt: Der Anteil der Frauen, die sich selbst eine hohe Führungserfahrung und -kompetenz zuschreiben ist deutlich höher als der Anteil derer, die Erfahrung als Dienstvorgesetzte haben. Führungserfahrung wird also nicht notwendigerweise mit Erfahrung in Personalführung in Verbindung gebracht. Interessant ist, dass im Schnitt mehr GR als PR ihre Führungserfahrung sehr hoch einschätzen bzw. dass diejenigen, die im Territorium, also in Pfarreien, Seelsorgeeinheiten, Gemeindeverbünden u.ä. arbeiten, sich als überdurchschnittlich führungserfahren betrachten. Da die Berufsgruppe der GR bundesweit stärker in der Territorialseelsorge eingesetzt ist als die Berufsgruppe der PR kann man davon ausgehen, dass die angegebene stärkere Leitungserfahrung auf diese Tätigkeit zurückzuführen ist. Da es möglich, wenn auch nicht allgemein üblich ist, dass pastorale Mitarbeiter/-innen die Vorgesetztenrolle gegenüber anderen Mitarbeitern/-innen wie z.B. Pfarramtssekretären/-innen oder Kindergartenleitern/-innen übertragen bekommen können, gibt es Stellen, die Kompetenzen in Personalführung voraussetzen bzw. nach sich ziehen. In den meisten Fällen entwickelt sich Leitungskompetenz aber durch Aufgaben in der Schulung, Unterstützung und Begleitung Ehrenamtlicher, wie auch durch Moderation oder auch Leitung von Sitzungen. Die zurückgehende Zahl der Priester kombiniert mit der Vergrößerung der durch ein Pastoralteam begleiteten Einheiten bringt es mit sich, dass Pastoral-Profis zunehmend Leitungsaufgaben übernehmen. Viele davon sind Frauen, da es in der Berufsgruppe der GR deutlich mehr Frauen als Männer gibt.

In der unter 2.1.2 erwähnten Studie 'Führungsmotivation im Geschlechtervergleich' wurde festgestellt, dass Frauen, die mehr oder weniger notgedrungen Leitungsaufgaben wahrnehmen und dann evtl. sogar bemerken, dass sie die Spaß daran haben, deutlich seltener als Männer in vergleichbaren Situationen auf dem Hintergrund solcher Erfahrungen nun auch tatsächlich Leitungsaufgaben anstreben. Zum selben Ergebnis kommt, wie in Hypothese 1b vermutet, die vorliegende Befragung: Obwohl Frauen im pastoralen Dienst sich selbst als führungserfahren und viele davon sich durchaus auch als kompetent und qualifiziert wahrnehmen, ist das Interesse an Führungsaufgaben deutlich geringer. Konkretisiert man die Frage noch dahingehend, ob das grundsätzliche Interesse an einer Führungsposition dazu führt, eine solche auch direkt anzustreben, dann sind es mit knapp 5% nur noch sehr wenige Frauen, die hier ein klares Ziel haben und artikulieren.

Betrachtet man diese Ergebnisse aus der Perspektive des Unternehmens Kirche, das, wie jedes Unternehmen daran interessiert sein sollte, kompetente Führungskräfte zu gewinnen, dann kann man feststellen: es gibt viele Seelsorgerinnen, die sich als führungserfahren und -kompetent einschätzen und die bereit sind, Verantwortung zu übernehmen, ohne jedoch von sich aus in Führungspositionen hineinzudrängen. Wenn also Diözesanleitungen diese Ressourcen nutzen wollen, dann müssen sie auf die Frauen zugehen und entsprechende Anreize bieten.

Betrachtet man die Ergebnisse aus der Perspektive von Frauen, die beklagen, dass der Frauenanteil in der Führungsetage der Diözesen zu gering ist, so können die o.g. Ergebnisse dazu ermutigen, dass Frauen füreinander zu Mentorinnen werden sollten, die u.a. gezielt die Aufstiegskompetenz von Frauen fördern.

Die Frage nach dem Interesse an ganz bestimmten, konkreten Führungsaufgaben bestätigte die Hypothese 1c, dass es keine besonderen Favoriten geben würde, nicht. Bei der Möglichkeit, unter 15 recht unterschiedlichen Führungsaufgaben die drei interessantesten auszuwählen, wurde von 83 Personen die Rolle der Leiterin eines spirituellen Zentrums benannt. Ein ebenfalls recht hohes Interesse (66 Personen) wurde an der Leitung einer Pfarrei auf der Grundlage von can. 517,2 CIC vorgesehenen Möglichkeit geäußert. Was diese beiden Bereiche bei aller Unterschiedlichkeit verbindet, ist, dass es dabei um Seelsorge und Glaubensweitergabe geht und dass eine entsprechende Leitungsposition in der Regel ermöglicht, dass der/die Leitende Schwerpunkte setzen kann, die ihm/ihr wichtig und richtig erscheinen. Mit je 33-45 Interessentinnen als durchaus interessante Stellen benannt sind Abteilungsleiterpositionen, in denen es um pastorale Bereiche oder auch pastorales Personal geht, also um Bereiche, in denen u.a. die Erfahrungen aus dem bisherigen operativen Geschäft Grundlage der Ausübung einer entsprechenden Führungsposition darstellen würden. In diesen Bereich fällt mit 32 Nennungen auch die Rolle der Leiterin eines Gemeindeverbunds. Auch hier bezieht sich die Managementaufgabe auf pastorale Felder. Deutlich geringer (je 14-20x angekreuzt) ist das Interesse an Führungspositionen im Bereich der Caritas, der Verbände oder auch im Bereich Organisationsentwicklung. Was die benötigten Kompetenzen anbelangt treten hier die religionspädagogisch-theologischen Fähigkeiten zugunsten von Managementfertigkeiten eher in den Hintergrund. Dass an einer solchen Verschiebung des Schwerpunkts eher wenige Seelsorgerinnen interessiert sind zeigt besonders deutlich, dass für die Geschäftsführung eines diözesanen Gremiums (z.B. eines Diözesanrats) nur von zwei Personen Interesse angemeldet wird. Angesichts dessen, dass die Teilnehmerinnen an der Befragung als Zusatzqualifikationen nur selten Organisationsentwicklung, sehr oft jedoch Geistliche Begleitung,

Bibliodrama oder auch Krankenhausseelsorge angegeben haben, ist die geäußerte Interessenlage durchaus nachvollziehbar.

Nach diesem Gesamtüberblick sollen nun die zwei meist gewählten Bereiche noch etwas näher betrachtet werden: das Interesse an der Leitung eines spirituellen Zentrums und das Interesse an Gemeindeleitung.

Spirituelle Zentren sind Orte, die von Menschen aufgesucht werden, um sich eine Auszeit zu gönnen und um in Abstand zu Lärm, Stress und Alltag in die Stille zu gehen.

Diese Menschen suchen Ruhe, Entspannung und auch Anregungen für einen konstruktiven Umgang mit Schwierigkeiten, Lebensfragen u.ä.. Im katholischen Bereich sind es oft Klöster, die solche Angebote machen. Wer ein solches Zentrum leitet hat in der Regel selber seine spirituelle Richtung gefunden und prägt durch diese Ausrichtung und oft auch durch die eigene Person die Angebote des Zentrums mit.

Selbstverständlich sind hier auch Managementaufgaben in Bereichen wie Planung, Mitarbeiterführung, Teamentwicklung usw. gefragt. Eine solche Stelle im Sinne eines Jobs auszufüllen ist aber kaum möglich – erforderlich ist eine hohe persönliche Verbundenheit mit der Aufgabe. Diejenigen, die diesen Schwerpunkt angekreuzt haben, sind sich dessen normalerweise wohl auch bewusst und sie signalisieren somit, dass sie beruflich gerne etwas tun wollen, durch das sie existentiell gefordert sind.

Hinter dem Wunsch, Leiterin eines spirituellen Zentrums zu werden, verbergen sich möglicherweise auch folgende Interessen: der Wunsch, Zeit zu haben für Seelsorge und Glaubensweitergabe und auch das Interesse, selber Schwerpunkte setzen und Richtungen weisen zu können ohne Abhängigkeit vom Wohlwollen eines Priestervorgesetzten oder eingeengt durch konservative katholisch-kirchliche Vorgaben. Möglicherweise steht bei einigen dahinter, dass sie mit ihren aktuellen Aufgaben unzufrieden sind. Zu bedenken ist, dass eine solche Leitungsrolle auch Macht mit sich bringt. Angesichts der Tatsache, dass Pfarreien und Kirchengemeinden als Orte des Glaubenslebens an Bedeutung verlieren, diverse geistliche Gemeinschaften unterschiedlichster Prägung hingegen wachsen, kann die Rolle des/der spirituellen Führer/-in durchaus ein zukunftsträchtiger Weg zu einer einflussreichen Position sein.

Interessant wäre auf jeden Fall eine vertiefte Nachfrage, was genau an einer solchen Leitungsaufgabe besonders reizvoll erscheint. Vom Unternehmen her gedacht ist zu überlegen, ob gerade in diesem von vielen Seelsorgerinnen gewünschten Einsatzfeld auch tatsächlich Personalbedarf vorhanden ist oder ob evtl. ganz andere Stellen besetzt werden sollten, um die gesetzten Ziele zu erreichen. Sollte Letzteres der Fall sein, könnte das Ergebnis der Befragung z.B. für Fortbildungsschwerpunkte und weitere Personalentwicklungsmaßnahmen von Bedeutung sein.

In der Liste der Auswahlmöglichkeiten wurden auch „Gemeindeleiterin gemäß can. 517,2 CIC" und auch „Leiterin eines Gemeindeverbunds" benannt. Während Variante 1 in einigen Diözesen praktiziert wird ist eine Leitungsposition gemäß Variante 2 bisher Priestern vorbehalten.

Bei beiden Varianten handelt es sich um einen territorialen Einsatz, der vielen der befragten Frauen aus ihrer konkreten Arbeit in der Rolle einer hauptberuflichen Mitarbeiterin bekannt ist. Manche der Frauen, die schon seit vielen Jahren als GR oder PR arbeiten, erinnern sich möglicherweise noch an Zeiten, in denen sie, zusammen mit dem Pfarrer, in einer Gemeinde in engem Kontakt mit den Gemeindemitgliedern gearbeitet und ein Stück weit auch mit ihnen gelebt haben. Manche Mitarbeiterinnen sind heute innerhalb der Seelsorgeeinheiten oder Gemeindeverbünde eine Art Kontaktperson für eine konkrete Gemeinde. Viele haben daneben oder ausschließlich Arbeitsgebiete, in denen sie gemeindeübergreifend und oft vor allem in der Unterstützung der Ehrenamtlichen tätig sind, die das operative Geschäft, wie z.B. Besuchsdienst, Katechese, Leitung von Wortgottesfeiern u.ä. übernommen haben. Der Unterschied zwischen den beiden im Fragebogen angebotenen Führungsrollen ist gravierend: eine Leiterin einer Gemeinde ist die hauptberufliche Seelsorgerin der Menschen an einem Wohnort bzw. in einem Wohngebiet. Sie arbeitet in engem Kontakt mit den Menschen vor Ort, sie ist Bezugsperson und lebt in der Gemeinde mit. Eine Leiterin eines Gemeindeverbunds hingegen ist sehr viel stärker Managerin eines größeren Komplexes, Beraterin und ggf. Coach vieler Ehrenamtlichen und ihrer Gruppen, die in ihren Gemeinden aktiv sind. Das Ergebnis der Befragung zeigt, dass die Rolle der mitlebenden Gemeindeleiterin vor Ort die beliebtere Variante ist.

Auch hier stellt sich die Frage nach den Interessen bzw. den erkannten und benannten Notwendigkeiten der Diözesanleitungen. Eine Diözese, die einzelne Pfarrgemeinden mit hauptberuflichen Leiterinnen bedienen möchte, kann unter den Seelsorgerinnen sicher Frauen finden, die gerne dazu bereit sind. Sollte es eher darum gehen, größere Einheiten zu führen und zu steuern, muss die Fähigkeit und Bereitschaft dazu noch mehr geweckt und gefördert werden.

## 5.2. Motiviert, die Zukunft von Kirche zu gestalten

Die für diese Thematik gebildeten Hypothesen wurden durch die Antworten der Frauen auf die offene Frage im Fragebogen eindeutig bestätigt: Frauen finden Führungspositionen in der Kirche reizvoll, weil sie daran interessiert sind, die Zukunft der Kirche mitzugestalten. Viele Frauen benannten dabei von sich aus, dass sie in einer solchen Position gerade auch aus ihrer Rolle als Frau heraus Akzente setzen wollten. Über diese beiden Antwortbereiche hinaus wurde sehr oft das Interesse benannt, die vorhanden Leitungskompetenzen auch tatsächlich in solchen Positionen zur Verfügung stellen zu wollen. Einige äußern klar, dass sie sich für geeigneter halten als diejenigen, die sie in Leitungsämtern erleben. Benannt werden darüber hinaus auch jeweils mehrfach das Interesse an Personalführung, Förderung von Begabungen, Gestaltung der Teamarbeit wie auch der Wunsch, sich in einer solchen Position persönlich weiterentwickeln zu können.

Die Antworten entsprechen insgesamt dem, was auch die Interviewpartnerinnen in der Voruntersuchung als für sie bedeutsam benannt hatten. Eine Frage, die sich aus diesen Antwortschwerpunkten ergibt ist natürlich die, was denn die befragten Seelsorgerinnen im Sinn haben, wenn sie von 'Zukunft der Kirche' sprechen. Aus den Anmerkungen ist zu entnehmen, dass es dabei sehr oft um die Weiterentwickelung der Kirche im Sinne des II. Vatikanums geht und dass sich Frauen in dem Zusammenhang auch gezielt gegen rückwärtsgewandte klerikale Strömungen einsetzen wollen. Näher betrachtet werden könnte auch, was Frauen denn nun konkret damit meinen, wenn sie davon sprechen, dass sie gezielt als Frau Leitung wahrnehmen wollen. In diesem Antwortbereich finden sich Aussagen wie:

- Stimme der Frauen in der Kirche sein
- Frauenperspektiven und -themen einbringen
- Männerstrukturen durchbrechen
- Frauenordination vorantreiben
- Weibliche Spiritualität fördern und feiern

Allein in diesen wenigen Beispielen zeigt sich ein Spektrum, das eine erwünschte Erweiterung von Gestaltungselementen ebenso erwirken will, wie die Bearbeitung neuer Themen, die Veränderung von Perspektiven und Strukturen bis hin zum gezielten Einsatz für die Einführung der Priesterweihe für Frauen.

Der Gesamteindruck, der beim Lesen der Motive der Frauen entsteht, geht ziemlich eindeutig in Richtung 'Veränderung bewirken'. Bistumsleitungen, die davor keine Angst haben, sondern sogar möglicherweise gerade solche Kompetenzen suchen, können unter den Frauen im pastoralen Dienst engagierte und innovationsfreudige Führungspersonen finden.

## 5.3. Realistisch, was die geforderte Loyalität und Identifikation betrifft

Was ist entscheidend, um in der katholischen Kirche gute Chancen auf eine Führungsposition zu haben? Im Rahmen der Voruntersuchung benannten alle sechs Interviewpartnerinnen die Netzwerkpflege, passende Qualifikation, Berufserfahrung und Fachkompetenzen in Bereichen wie OE, PE und Management, vier Frauen benannten personale Kompetenzen, eine meinte, dass es hilfreich sein könne, im Vorfeld eher mit zu schwimmen, nicht zu sehr aufzufallen und so als brav eingeschätzt zu werden.

Aus den Antworten der Interviewpartnerinnen wurden die Items für diesen Bereich des Fragebogens entnommen. Dort wurden die Seelsorgerinnen dazu aufgefordert, eine Einschätzung zu geben, was wohl aus der Perspektive der Entscheider besonders relevant ist. Vermutet wurde, dass an oberster Stelle personale Kompetenzen, Loyalität und die Identifikation mit dem System Kirche benannt werden würden. Diese Annahme wird durch das Ergebnis bestätigt. Deutlich weiter unten in der Skala der Bedeutsamkeit rangieren Knowhow in PE, OE, Steuerung und Management. Interessant ist allerdings, dass einige Frauen handschriftlich auf dem Frageboten angemerkt haben, dass sie selbst diese Fähigkeiten für sehr wichtig halten, gleichzeitig jedoch den Eindruck haben, dass kirchliche Arbeitgeber dies nicht ausreichend im Blick hätten.[153]

Betrachtet man das Antwortspektrum aus Interviews und Fragebogen zu dieser Leitfrage, so kann es als Anregung für Zielfindungs- und Strategieprozesse in kirchlichen Unternehme dienen. Möglicherweise kann durch solche Prozesse deutlich werden, dass ein Unternehmen in einer permanenten Umbruchsituation in der Führungsetage sehr viel dringender als möglicherweise noch vor 10-20 Jahren Personen mit fundierten Kenntnissen und Fähigkeiten in Bereichen wie Change-Management benötigt.

## 5.4. Ambivalent im Blick auf spezifisch weibliche Kompetenzen

Auch bei der Frage nach spezifisch weiblichen Kompetenzen, Stärken und Führungsgrundsätzen wurde im Fragebogen ein aus den Interviews entnommenes Antwortspektrum zusammengestellt.

Insgesamt bestätigen die Ergebnisse die Hypothesen, dass Frauen in ihrer Selbsteinschätzung davon ausgehen, dass Frauen in Führungspositionen eher mitarbeiterorientiert und empathisch, Männer hingegen eher karriere- und selbstbezogen ausgerichtet sind. Auch die Annahmen, dass Frauen mehr als Männer Wert legen auf Teamarbeit und Mitarbeiterförderung, werden von vielen Frauen unterstützt. Allerdings ist hier auch etwa die Hälfte der Befragten, der Ansicht, dass es diesbezüglich keinen geschlechtsspezifischen Unterschied gibt. Da die meisten dieser Antworten nicht von Frauen kommen, die selber

---

[153] Dies deckt sich mit der Wahrnehmung vieler Kolleginnen und Kollegen, nach deren Ansicht Führungskräfte und an Führungspositionen Interessierte unbedingt Kompetenzen in OE, PE, Management etc. brauchen, jedoch der Eindruck vorherrscht, dass bei Personalentscheidungen die Loyalität gegenüber dem Bischof, das Einhalten der Grundordnung und personale Kompetenzen wichtiger sind.

Führungspositionen innehaben, sondern eher von Frauen, die als Untergebene vor allem Männer, bisweilen aber auch Frauen als Führungspersonen erleben, kann man davon ausgehen, dass die Antworten u.a. auch zeigen, wie Frauen weibliche Führungskräfte erleben. Genau danach wurde mittels einer offenen Frage ebenfalls gefragt.

In den entsprechenden Antworten kommt zum Ausdruck, dass Frauen durchaus recht freimütig Kritik aneinander üben. Etwa die Hälfte der Antworten auf die Frage „Gibt es eine Eigenschaft, die Ihrer Meinung nach besonders typisch für weibliche Führungskräfte im kirchlichen Bereich ist?" bringen eher Negativerfahrungen zum Ausdruck. Hier einige Beispiele:

- autoritätshörig und konservativ
- hart und unnahbar
- eifern den Männern nach und machen ihre eigenen Fähigkeiten klein
- gerade von Frauen wurde mir mehrfach suggeriert, mich der Struktur (der Leitung) anzupassen, unterzuordnen und unangebrachte Kritik zu unterlassen! (in deren Augen war meine Kritik immer unangebracht!).

Möglicherweise verbergen sich in diesen Antworten nicht nur Enttäuschungen über oder Vorwürfe gegen konkrete Frauen in kirchlichen Führungspositionen, sondern auch ein Hinweis dafür, weshalb Frauen so zurückhaltend sind, was diese Positionen anbelangt. Evtl. sagen sie sich: 'wenn das von Frauen erwartet wird bzw. wenn anscheinend solche Frauen gesucht werden: das kann ich nicht bzw. so will ich auf keinen Fall werden!'

Die andere Hälfte der Antworten allerdings lässt den Schluss zu, dass es eine ganze Reihe starker, respektierter und evtl. sogar überdurchschnittlich führungsbegabter Frauen gibt, die im kirchlichen Bereich Leitung wahrnehmen. Auch dazu einige Beispiele:

- Kommunikationskompetenz nach allen Richtungen: Dinge benennen und auf den Punkt bringen/ Passender Umgang mit Vorgesetzten und Mitarbeitenden/ das Gesamte sehen/ starkes Selbstwertgefühl, aber dennoch Mut zur Demut
- Einfühlungsvermögen, Diplomatie und die Fähigkeit, Menschen zu begeistern
- Hohe (Sach-)kompetenz
- Eine Liebe zur Kirche, die gepaart ist mit kritischer Distanz

Dieser kleine Ausschnitt aus zahlreichen vergleichbaren Antworten kann als Hinweis dienen, dass es sehr wohl Frauen gibt, die für Frauen auf dem Weg in Leitungsrollen Mentorinnen und Trainerinnen sein können.

Bei einer weiteren Fragestellung zu diesem Themenbereich ging es um die Frage, wie die Befragten in einer Führungsposition agieren würden, bzw. - sofern sie bereits eine haben - was ihr Führungshandeln prägt. Die meisten der vorgegebenen Aussagen waren Zitate aus den Interviews. Von nahezu allen Seelsorgerinnen, die den Fragebogen ausgefüllt haben, wird dazu angegeben, dass sie Mitarbeiter/-innen fordern und fördern, Teamarbeit voranbringen (würden), in der Regel delegieren sowie Freiräume, Spaß und Kontaktmöglichkeiten im Arbeitszusammenhang ermöglichen (würden).

Diese einhelligen Angaben passen sehr gut dazu, dass Frauen nach Meinung vieler, auch der Befragten in dieser Untersuchung, Leitung sehr mitarbeiterorientiert und empathisch wahrnehmen.

## 5.5. Empört über die Ungleichbehandlung

Bei der Fragestellung zu „Gleichberechtigung von Mann und Frau" sowie Frauenordination gab es keine abgestuften oder gegensätzlichen Antwortalternativen, sondern nur die Möglichkeit durch ankreuzen zu signalisieren, dass man die vorgeschlagene Meinung teilt. Über 85% der befragten pastoralen Mitarbeiterinnen sind der Meinung, dass die Herrschaft in der Kirche eindeutig bei den Männern liegt und dass es Kleriker gibt, die intensiv daran arbeiten, dass dies so bleibt. Darüber hinaus sind mehr als 80% der Auffassung, dass Diakoninnen- und Priesterinnenweihe eine Selbstverständlichkeit sein sollte, wie auch, dass darüber hinaus die Ämterstruktur insgesamt hinterfragt und reformiert werden muss.

Etwas mehr als 70% unterstützen die Aussage: „Wenn ich das Thema 'Ämterfrage' aus meiner theologischen Qualifikation heraus überdenke, dann kommt mir die Argumentation der Kirchenleitung nahezu peinlich vor."

Am anderen Ende der Skala befinden sich 1,4%, also drei Personen, die die Auffassung vertreten, dass Frauen von den Weiheämter ausgeschlossen bleiben sollten und 8,4%, die (zum Teil 'vorerst') nur die Diakoninnen-, nicht aber die Priesterweihe fordern.

Das Ergebnis überrascht nicht, es bestätigt die zuvor formulierte Hypothese, aber es gibt doch zu denken. Da existiert in Sachen Ämterfrage eine sehr klare Vorgabe der Zentrale in Rom, die von den Bischöfen der einzelnen Ortskirchen mitgetragen wird (wenn auch vermutlich nicht von allen aus Überzeugung, sondern eher aus einer Art Gehorsam) und die vom Bischof für die Weitergabe des Glaubens im Sinne der Lehre der katholischen Kirche beauftragten hauptberuflichen Seelsorgerinnen sagen mit überwältigender Mehrheit: wir halten diese Vorgabe für falsch und die Argumentation der Chefetage in dieser Angelegenheit für peinlich bzw. - gerade aus unserer fachkundigen theologischen Perspektive – für unprofessionell und schlichtweg falsch.

Auch in diesem Ergebnis können sich Gründe für die Zurückhaltung der Frauen bezüglich kirchlicher Führungspositionen verbergen. Vielleicht wollen Frauen gar nicht so 'ein bisschen mit leiten' dürfen, vielleicht wollen sie keine Lückenbüßer sein und so das bestehende reformbedürftige System stützen? Vielleicht wollen sie nicht die Quotenfrau in der Bistumsleitung sein? Hier kann auch noch einmal die absolute Lieblingsführungsrolle der Leiterin eines spirituellen Zentrums in den Blick genommen werden. Möglicherweise sehen die Frauen in einer solchen Aufgabe die Chance, ein Stück weit wirklich etwas in ihrem Sinne bewegen zu können. Neben der hierarchischen Struktur sozusagen und nicht so sehr in ihr.

Solange die Ungleichbehandlung in der Ämterfrage so bleibt, so sagen mehr als 80% der Befragten, kann Kirche kein Modell für Gleichwertigkeit von Mann und Frau sein. Allerdings – so sagen ebenso viele – reicht es längst nicht mehr aus, Frauen zur Weihe zuzulassen. Die Forderung nach Reform der Ämterstruktur insgesamt geht weit darüber hinaus. Würde die Kirche es wagen, dieses Thema radikal anzugehen, würde dies bedeuten, die bestehende Herrschaftsstruktur in der Kirche vom Evangelium her auf den Prüfstand zu stellen.

Auch zu dieser Fragestellung gab es die Möglichkeit, ergänzend eigene Gedanken zu formulieren. Die Antworten waren sehr zahlreich und bis auf wenige Ausnahmen geprägt von Frustration, Kritik und der Forderung nach Veränderung. Hier einige Beispiele:

– Unter den jetzigen Aussagen, die von römischer Seite kommen, sind manche für mich unerträglich und ich bin gespannt, wann der Sturm der Entrüstung wirklich losbricht, und zwar nicht nur von den Frauen ausgehend, sondern insgesamt von denen, die in der Kirche arbeiten, vor allen von denen, die sich ihrer „Taufwürde" erinnern und gerne nach vorne gucken möchten, damit Kirche dem Wohl der Menschen dienen kann und sich nicht ständig selbst blockiert und dann wirklich Mitarbeit am Aufbau des Reiches Gottes (nicht des Reiches der Kirche ) sichtbar wird.
– Die (oft vagen) Möglichkeiten die der CIC bietet, sollten präzisiert und ausgeschöpft werden - hinsichtlich der "Ämter"- und Leitungsfragen.
– Durch die Ungleichbehandlung in der Ämterfrage bleibt die Frage nach Frauen in kirchlichen Führungspositionen grundsätzlich in einer Schieflage, und sog. „Führungspositionen" sind nicht selten „Alibi"-Positionen und damit wenig attraktiv.
– Frauen (und Männer), die die selbstverständliche Ordination von Frauen bzw. den Leitungseinsatz von Frauen unterstützen, sollten neue Wege gehen.
– Wegen der fortdauernden Abwertung, Geringschätzung und Ablehnung von Frauencharismen und -berufungen durch das rein männlich-zölibatär besetzte Leitungsamt in der Amtskirche gehen der Kirche (als „Volk Gottes") unzählige Kompetenzen und Begabungen verloren. Diese würden

aber in der gegenwärtigen Situation pastoral und spirituell dringend gebraucht. Die tatsächliche Dramatik des zunehmenden Auszugs von Frauen aus der Kirche hat diese Leitung offensichtlich noch nicht erfasst bzw. verschließt sie die Augen davor und nimmt sie nicht ernst. Kritik daran ist nicht erwünscht (noch nicht einmal im sog. „Dialogprozess"), Selbstkritik findet auf diesem Gebiet sowieso nicht statt.
- Wir reden ständig über die Förderung von Charismen, lassen sie dann aber nur in einem systemgefälligen Rahmen zu.
- Für mich ist die Frauenfrage innerhalb der Kirche weniger an die Zulassung zum Priesteramt gebunden als vielmehr wie die Ämter verstanden und gelebt werden. Ich möchte um nichts in der Welt ein weiblicher KLERIKER werden, solange ein geschwisterlicher Umgang fehlt im Sinn von „... da gibt es nicht mehr Griechen und Juden,... Mann und Frau ..." Solange in unserer Kirche nicht über Macht und den Umgang damit gesprochen wird (geschweige denn mit der Macht jesuanisch umgegangen wird) verzichte ich gern auf eine führende Position und unterstütze andere Frauen, die den schweren Weg wagen, innerhalb der Kirche etwas zu bewegen.
- Weihe in der jetzigen Form ist nicht mehr zeitgemäß
- Heute hab' ich keine Lust mehr auf ein Amt (Weihe) und eine Führungsposition. Kirche hat den Zug bei mir verpasst (57 Jahre).

Liest man diese und viele weitere Anmerkungen zu diesem Thema wird spürbar, dass sich hier nicht nur Mitarbeiterinnen zu Wort melden, die Maßnahmen der Geschlechtergerechtigkeit im Betrieb fordern, sondern Frauen, die verbunden sind mit der Kirche und ihrer Botschaft und die darunter leiden, dass das aus ihrer Perspektive Offensichtliche nicht wahrgenommen, geschweige denn ernst genommen wird.[154]

## 5.6. Geprägt von Sozialisation und Arbeitskontexten

Bei der bisherigen Auswertung der Befragungsergebnisse wurden an der einen oder anderen Stelle bereits Besonderheiten einzelner Gruppen (Alter, Berufsgruppe, Bistum...) benannt. Hier nun noch die Ergebnisse zu den oben genannten Hypothesen:

---

[154] In Gesprächen zu diesem Thema mit nicht-geweihten Seelsorger/-innen beiderlei Geschlechts kommt immer wieder zur Sprache, dass die Erfahrungen und Empfindungen nicht so weit auseinander liegen. Bei Frauen reicht als Ausgrenzungskriterium bereits das Frausein. Männer sind in einer ähnlichen Situation, wenn sie sich für Ehe und Familie entscheiden.

Die erste Hypothese zur Leitfrage 6 wird durch die Ergebnisse nicht bestätigt. PR sind nicht, wie vermutet, stärker als GR an Führungspositionen interessiert. Feststellbar ist stattdessen, dass es einen kleinen Unterschied dahingehend gibt, dass die Fachhochschulabsolventinnen unter den GR am meisten interessiert sind. Eine Schwierigkeit ist in dem Zusammenhang, dass für Führungspositionen in der Regel ein universitärer Hochschulabschluss bzw. ein Masterabschluss vorausgesetzt wird. Will man also das Potential der GR mit Diplom oder Bachelor nutzen, sollte verstärkt ermöglicht werden, entsprechende aufbauende Masterstudiengänge zu absolvieren.

Bestätigt wurde die Hypothese, dass Frauen ab etwa 35 Jahren und vor allem auch Frauen nach der Familienphase mit intensiver Kinderbetreuung am ehesten für Führungspositionen bereit sind oder sie sogar anstreben.

Die Annahme, dass Frauen, die im Territorium eingesetzt sind, eher interessiert bzw. bereit sind, Leitung einer Pfarrei oder eines Gemeindeverbunds zu übernehmen, hat sich nicht ganz so bestätigt, wie erwartet. Die Besonderheit bei Frauen mit territorialem Einsatz besteht vor allem darin, dass sie sich insgesamt als besonders führungserfahren einschätzen und auch etwas mehr als andere Seelsorgerinnen bereit sind, Führungsaufgaben zu übernehmen.

Zutreffend ist, dass die Haltung der 45-65jährigen PR und GR gegenüber der Kirche kritischer als die ihrer jüngeren Kolleginnen ist, wobei GR insgesamt (noch) etwas weniger kirchenkonforme Meinungen äußern als PR.

Ein Trugschluss aus dem im letzten Abschnitt benannten Ergebnis wäre es, anzunehmen, dass katholische junge Frauen systemkonformer und kirchentreuer sind als ältere Frauen. Zutreffend ist, dass nur noch wenige junge Frauen sich zur Kirche zugehörig fühlen. Und damit hängt dann wohl auch zusammen, dass oft eher diejenigen einen pastoralen Beruf ergreifen, die die katholische Linie noch mittragen können bzw. diejenigen, die sich aus zum Teil recht konservativen Jugendbewegungen rekrutieren.

Möglicherweise ist es tatsächlich zu spät, engagierte, konzilsgeprägte und kirchenkritische Frauen zu gewinnen.

Vielleicht gibt es unter den rückwärts orientierten und an Machterhalt interessierten Klerikern die Hoffnung, dass man nur ein paar Jahre warten muss bis die heutigen Kritikpunkte (Frauenordination, Amtsverständnis, Pflichtzölibat...) verschwinden, weil dann keiner mehr da ist, dem etwas daran liegt.

Sollte sich in Diözesen allerdings jetzt die Einsicht durchsetzen, dass es jetzt unter berufserfahrenen Frauen noch abrufbares Potential gibt, mit dessen Hilfe Kirche zukunftsfähiger gestaltet werden kann und sollte dies als Chance erkannt werden, dann wäre es höchste Zeit, alles zu tun, um diese Frauen für Führungsaufgaben tatsächlich zu gewinnen.

## 5.7. Teilhabe auf Augenhöhe erwartend

Wie stellen sich die Befragten schließlich Teilhabe vor? Eine Frau schrieb bei dieser Frage an den Rand: „weshalb sollte ich hier einem der Vorschläge nicht zustimmen?" Ganz so einhellig fiel das Ergebnis insgesamt dann doch nicht aus.

Die höchste Zustimmung mit über 80% hat die Idee „Der ständige Rat der DBK bezieht Frauen regelmäßig, paritätisch und stimmberechtigt in seine Sitzungen ein" erhalten.

Deutlich weniger Frauen, immerhin aber noch 60%, würden es als förderlich ansehen, wenn die deutschen Bischöfe sich in Rom für Gleichberechtigung der Frauen – einschließlich der Weihe – einsetzen würden und knapp 50% sprechen sich dafür aus, dass die Führungsebenen der Kirche sich – ausgehend von den Bischöfen – mit Gender-Mainstreaming befassen sollten.

Nun ist es ja so, dass sich Bischöfe durchaus mit der Frage beschäftigen, wie Frauen -im Rahmen des kirchenrechtlich Möglichen - für kirchliche Führungspositionen gewonnen werden könnten. Auf diese Frage gibt die am höchsten bewertete Idee einen klaren Hinweis im Sinne von: „Redet nicht über uns und auch nicht nur ab und zu mal mit uns, indem ihr hier und da Frauen beratend einbeziehst, sondern bezieht uns paritätisch und stimmberechtigt in die Sitzungen mit ein."

Frauen, die solche Vorschläge machen, sind nicht dankbar, dass man sie freundlicherweise auch ein wenig mitspielen lässt. Sie erwarten Begegnung auf Augenhöhe.

Folgende weitere Aussage in diesem Teil des Fragebogens zielt ebenfalls auf den Aspekt, was Kirche tun kann: „Das Unternehmen Kirche setzt gezielt Anreize, um attraktiv zu sein für Frauen."

Man stelle sich vor, diese Frage würde Mitarbeiterinnen in einem anderen Unternehmen, in dem insgesamt mehr Frauen als Männer arbeiten, dessen Kundschaft ebenfalls stärker aus Frauen besteht, in dem die Chefetage nahezu rein männlich besetzt wäre und in dem Frauen ziemlich zurückhaltend gegenüber Angeboten auf Leitungsstellen sind, gestellt werden. Schätzungsweise 90% der Mitarbeiterinnen würden fordern, dass das Unternehmen Strategien und Maßnahmen entwickelt, um erfolgversprechende Anreize für Frauen zu bieten.

Nach der Notwendigkeit der verstärkten Entwicklung von Anreizen für Frauen gefragt, äußern jedoch nur 55% der befragten Seelsorgerinnen, dass sie dies für eine geeignete Maßnahme halten, um mehr Frauen für Führungspositionen zu gewinnen. Dieses Ergebnis kann ein Denkanstoß sein, vertieft nachzufragen, weshalb sich Frauen hier so zurückhaltend äußern.

# Kapitel 6
# Konsequenzen

## 6.1. Kirche am Scheideweg

Die katholische Kirche befindet sich in einer tiefen Krise. Es gibt starke restaurative Kräfte – unter den Bischöfen, wie auch unter (vor allem jüngeren) Priestern bis hin zu traditionalistischen Kirchenmitgliedern. Gerade letztere sorgen gezielt dafür, dass sie in der Öffentlichkeit als Kirchenvertreter wahrgenommen werden. Gloria von Thurn und Taxis, Manfred Lütz, Martin Lohmann u.a. sind bekannte Talkshowgäste. Daneben gibt es immer noch hochengagierte Katholiken, die aus dem Reformgeist des Zweiten Vatikanischen Konzils heraus das „Aggiornamento-Motto"[155] dieser Jahre in unserer heutigen Zeit der permanenten Veränderung verwirklichen wollen, um so die Zukunft der Kirche als Zeichen Gottes für die Welt verantwortungsvoll mitzugestalten. Katholiken mit dieser Haltung findet man vor allem in den synodalen Strukturen wie dem ZDK und den Diözesanräten, in den bundesweiten Berufsverbänden der Pastoral- und Gemeindereferenten/-innen oder auch bei den Mitgliedern und Freunden der Arbeitsgemeinschaft von Priester- und Solidaritätsgruppen im deutschsprachigen Raum.

Vertreter beider Ausrichtungen nehmen wahr, dass es sich längst nicht nur um eine Strukturkrise handelt, sondern um eine generalisierte existentielle Krise, in der sich entscheidet, ob und inwieweit Kirche noch am Evangelium orientierte Gemeinschaft und ein sinnstiftendes Element in der Gesellschaft sein kann. Traditionalisten setzen dabei auf Aussagen und Vorschriften des kirchlichen Lehramts, vertreten eine „Null-Toleranz-Strategie", grenzen sich von der Umwelt ab und bewegen sich dadurch in Richtung eines „heiligen Rests". Reformer hingegen sind überzeugt, dass die katholische Kirche sich gerade dann im Sinne ihres Ursprungs, ihres Sendungsauftrags und ihrer Botschaft entwickelt, wenn sie der Differenziertheit der Lebens- und Glaubensformen in der Gesellschaft respektvoll und dialogbereit (inklusiv) begegnet und wenn sie weniger als lehrende und bevormundende, sondern als lernende Organisation verstärkt auf Ermutigung und Ermöglichung setzt, um Entwicklung zu fördern.

Beide Strömungen gibt es im deutschsprachigen Raum seit Jahrzehnten. Die konservativ-klerikal Gesonnenen sehen sich als diejenigen, die romtreu die Tradition bewahren und somit auf der Seite einer streng feudal-hierarchisch strukturierten „Kirche von oben" stehen, während sich konzilsbewegte „Basisaktivis-

---

[155] Der Begriff 'aggiornamento' wurde von Papst Johannes XXIII geprägt. Er verwendete ihn, wenn er von der notwendigen zukunftsorientierten Öffnung der Kirche sprach.

ten"[156] für eine synodal-demokratisch gestaltete „Kirche von unten" engagieren. Eine Annäherung war bisher kaum in Sicht – im Gegenteil.

Interessant ist auf diesem Hintergrund die Irritation, die Papst Franziskus ausgelöst hat. Er steht – mit absoluter Macht ausgestattet – an der Spitze der hierarchischen Kirchenorganisation. Zugleich wirkt er so, dass man ihn als Person eher in einer reformbewegten Basisgruppe vermuten würde. Viele Themen der Reformgruppen in Deutschland, wie z.B. die Ämter- oder die Zölibatsfrage, sind zwar nicht seine Themen und diesbezügliche Erwartungen an ihn dürften wohl eher enttäuscht werden – sein Anliegen ist jedoch eine Reform der katholischen Kirche hin zu einer Praxis, die dem Evangelium standhalten kann. Das irritiert – und zwar beide Seiten!

Papst Benedikt XVI. ging es um Wahrheit, d.h. um richtig oder falsch – Franziskus hingegen signalisiert durch Worte, Gesten und persönlichen Lebensstil, dass sein zentrales Anliegen die Gerechtigkeit ist.[157] Der Paradigmenwechsel besteht darin, dass bei ihm nicht –wie bei seinem Vorgänger – „Glaube und Vernunft" an oberster Stelle stehen, sondern „Glaube und Ethik".[158] Darin liegt die große Chance für grundlegende Veränderungen hin zu einer Kirche, die Unterschiede zulässt, auf Erneuerung und Innovation setzt, die weniger predigt und dafür mehr handelt i.S. einer visionären Praxis. Voraussetzung ist jedoch, dass es der Kirche gelingt, zunächst intern Transparenz und Emanzipation zuzulassen und zu stärken. Oder anders formuliert, die Kirche steht vor der Herausforderung, ihre soteriologische Dimension im Sinne des heilenden und befreienden Evangeliums im Ringen mit sich selbst in heutiger Zeit wieder zu gewinnen.[159] Und dazu gehört im Kern auch die Gleichstellung und -behandlung von Mann und Frau, deren permanente strukturelle Verletzung in einer modernen emanzipierten Gesellschaft nicht mehr zu vermitteln ist.

## 6.2. Frauen, Führung, Kirche – Partizipation oder Trennung?

Im Blick auf die Gesamtsituation der Kirche in Deutschland (oder auch der Postmoderne insgesamt), wird klar, dass es sich beim Thema „Frauen" nur um eine – wenngleich zentrale – Baustelle unter vielen handelt. Es geht nicht nur um Frauenförderung oder die Erhöhung der Frauenquote auf Führungsebene des Unternehmens. Es geht viel grundsätzlicher um Entscheidungen auf der Ebene der Unternehmensphilosophie und der Zukunftsstrategie. Sollten sich restaurative und reformerische Tendenzen weiterhin wechselseitig lähmen und damit

---

[156] Vgl. Hochschild 2002, 173.
[157] Vgl. Dessoy 2013 (b).
[158] Ebd.
[159] Ebd.

dem Rückbau zum Erhalt des Status Quo Vorschub leisten oder sich gar letztlich die Traditionalisten durchsetzen, so kann und muss man davon ausgehen, dass sich die pastoralen Mitarbeiterinnen sukzessive zurückziehen werden – und mit ihnen auch die aktiven Frauen, die das Gemeindeleben vor Ort tragen.

Seelsorgerinnen mit langjähriger Berufserfahrung werden versuchen, sich noch gewisse Freiräume zu erhalten, Aufgaben außerhalb von Kirche zu finden oder auch, sich nach und nach auf den Ruhestand einzustimmen. Die Zeiten, in denen Frauen um Gleichwertigkeit gekämpft haben und dabei mit kleinen Schritten zufrieden waren, sind definitiv vorbei. Die Frage ist, ob die Kirchenleitung die Frauen und deren (Leitungs-)Kompetenzen überhaupt noch gewinnen kann. Gelingen könnte es ihr vielleicht, wenn sie ernsthaft einen echten Dialog wagt und bereit ist, von der Zukunft her zu denken und sich auf Experimente einzulassen.

Die Interviews mit den Führungsfrauen wie auch die Befragung der GR und PR zeigt, dass hauptberuflich in der Pastoral tätige Frauen Leitungserfahrung und -kompetenz haben. Sie sind zwar eher zurückhaltend, was eine gezielte Karriereplanung anbelangt, aber viele von ihnen signalisieren sehr klar die Bereitschaft zur Übernahme von Verantwortung und sie benennen präzise ihre jeweilige Motivation. Sie sind dazu bereit, wenn man(n) ihnen glaubhaft vermittelt, dass sie ernst genommen werden. Sie wollen nicht nur als „Trümmerfrauen" im und für den Notfall einspringen (um später wieder ins zweite Glied zurückgestuft zu werden). Sie erwarten, dass sich die Haltung der Kirchenleitung ihnen gegenüber radikal verändert. Sie erwarten Umkehr. Sie wollen ihre Kompetenzen einbringen, um die Zukunft der Kirche zu gestalten.

Auf der Folie einer äußerst kritischen Einschätzung der Situation der Kirche bis hin zum Vorwurf der Peinlichkeit, was die theologische Argumentation der klerikalen Leitungsebene anbelangt, sind kirchliche Mitarbeiterinnen geprägt von einer – trotz aller Widrigkeiten – zum Teil seit Jahrzehnten durchgehaltenen Loyalität. Viele GR und PR, vor allem im Alter ab 40 Jahre aufwärts sind in der Lage und bereit, in der Kirche zukunftsorientierte Leitungsaufgaben zu übernehmen. Der künftige Umgang mit der Ämterfrage spielt dabei allerdings eine entscheidende Rolle. Diese Frauen sind nicht mehr durch die Aussicht auf ein Diakoninnenamt zufrieden zu stellen. Gleichwertigkeit von Mann und Frau bedeutet aus ihrer Sicht den geschlechtsunabhängigen Zugang zu allen Ämtern. Und damit nicht genug: Die Ämterstruktur insgesamt muss hinterfragt, theologisch neu durchdacht und reformiert werden. Natürlich wissen die Frauen, dass solche Schritte nicht von heute auf morgen gemacht werden können. Die aktuelle Erwartung ist, auf Augenhöhe in einen Dialog darüber zu kommen und in die Entscheidungen der Bischöfe einbezogen zu werden.

Blickt man aufs Detail, haben Hochschulabsolventinnen, also Pastoralreferentinnen, vor allem das Interesse, als Akademikerinnen im theologischen Diskurs anerkannt und darüber hinaus gleichberechtigt in Forschung und Lehre tätig werden zu können. Das Interesse sowohl der PR als auch der GR ist es, in ihrer Leitungserfahrung und -kompetenz respektiert und entsprechend eingesetzt zu werden. Speziell für die insgesamt an Führungsaufgaben sogar noch stärker als PR interessierten GR ist in dem Zusammenhang erforderlich, durch entsprechende aufbauende Masterstudiengänge Abschlüsse zu ermöglichen, die in vielen Fällen schlicht Voraussetzung für das Erhalten von Spitzenpositionen sind.

Bei jüngeren Mitarbeiterinnen ist aufgrund ihrer Zugehörigkeit zu postmodernen Milieus nicht mehr mit jahrelanger Loyalität gegenüber einem rückständigen Arbeitgeber zu rechnen. Wenn sich nichts ändert, werden diese Mitarbeiterinnen wieder gehen, vor allem die Guten.

Dies deckt sich mit Beobachtungen von Prof. Dr. Sr. Margareta Gruber, die sie in ihrem Vortrag auf dem Studientag der DBK am 20.02.2013 zum Thema 'Das Zusammenwirken von Frauen und Männern im Dienst und Leben der Kirche' erläutert hat. Ihr Eindruck aus einer Befragung von Studentinnen und jungen Schwestern ihrer Ordensgemeinschaft ist, dass junge Frauen auf dem Weg in eventuelle kirchliche Führungsaufgaben ihre Kompetenzen anbieten und gleichzeitig aber auch wollen, dass Kirche von ihnen gleichwertige Mitverantwortung – gerade auch als Frauen – erwartet.[160] Sie werden stillschweigend wieder gehen, wenn Kirche ihnen nicht den passenden Raum bietet.[161] Frauen sagen heute deutlicher denn je, dass sie ihren Platz in der Kirche von morgen noch nicht gefunden haben und nicht ewig weitersuchen werden.[162]

### 6.3. Kultur, Sozialgestalt und Rollenarchitektur – Wandlung tut Not!

Die Kirche tut sich unendlich schwer, Flexibilität und Innovation zuzulassen oder gar zu fördern. Organisation- und Strukturentwicklungsprozesse in deutschen Diözesen dienen primär dazu, in irgendeiner Weise den Status quo aufrecht zu erhalten, um noch eine Weile weiter funktionieren zu können wie bisher. Rückbau, nicht Umbau oder Neubau ist das Reformparadigma. Was viel zu kurz kommt, ist die Zeit und der Raum, zu lernen: Wer alle Energie dahin lenkt, das bisherige Programm möglichst lange aufrecht zu erhalten, der nimmt sich selbst die Chance, Neues zu entdecken und sich weiterzuentwickeln. Systemisch liegt ein Muster geplanter Folgenlosigkeit zugrunde, die darauf beruht, dass bei allen Veränderungsprozessen immer jemand von 'ganz oben' einfach durchgreifen und Entwicklung verhindern darf und es gleichzeitig oft lange kein

---

[160] Vgl. Gruber 2013, 7.
[161] Ebd., 8f.
[162] Ebd., 12.

Problem ist, wenn sich die 'unten' nicht an Regeln halten.[163]

Partizipation und Inklusion sind die Zauberworte, die konzilsbewegte, engagierte Laien und Profis, die sich mit der Entwicklung von Kirche befassen, gleichermaßen als Grundausrichtung fordern, um Entwicklung in Gang zu bringen.[164] Frauen, die ja keine andere Wahl haben, als den Laien zugehörig zu sein (also bereits exkludiert sind!), sind inzwischen weniger noch als Männer bereit, sich in eine feudal-hierarchisch aufgebaute und agierende Kirche einzuordnen.

Wenn Frauen davon sprechen, dass sie an der Veränderung von Kirche mitwirken wollen, dann geht es vielen von ihnen darum, mit ihren Sichtweisen und Themen gehört zu werden. Sie wollen offensiv ermutigt werden, sich zu artikulieren und zu organisieren, um ihren Interessen Geltung zu verschaffen. Sie wollen nicht mehr länger instrumentalisiert werden, um eine Kirchenkultur und -architektur aufrechtzuerhalten, die nicht mehr in unsere Zeit passt.

Immer wieder klingt in den Äußerungen der Befragungsteilnehmerinnen an, dass es ihnen nicht ausreichen würde, einfach auch zum Klerus dazugehören und im derzeitigen System mitmachen zu dürfen. Sie erwarten und wollen eine Veränderung kirchlicher Kultur und in Folge dessen die Anpassung der Sozialgestalt und der Rollenarchitektur.

Natürlich erwarten Frauen, gerade auch Seelsorgerinnen, die führen wollen oder zumindest bereit dazu sind, dass sie aufgrund ihres Frauseins keine schlechteren Karten haben als (geweihte) Männer. Die Frage ist also: Wie ist Führung definiert in der Kirche und wie kommt man in Führungspositionen? Wenn Führungspositionen verknüpft sein müssen mit einem Amt, dann braucht Frau das Priesteramt oder ein anderes Amt, durch das man auch in gleichwertige Führungspositionen kommen kann.

Die Idee, dass man Frauen ein anderes Amt geben könnte, hatte vor ein paar Monaten Kardinal Kaspar und er brachte diese Überlegung beim diesjährigen Studientag der Deutschen Bischofskonferenz ein. Er hat die Frage gestellt, ob es ein gangbarer Weg sein könnte, Frauen nicht durch sakramentale Handauflegung, sondern ähnlich wie bei der Äbtissinnenweihe durch eine Benediktion zum Amt einer Gemeindediakonin zu bestellen und zu pastoralen, karitativen, katechetischen und bestimmten liturgischen Diensten zu beauftragen? Auch ein solches Sakramentale hätte an der sakramentalen Grunddimension der Kirche teil, wenngleich nicht in derselben „Dichte" wie ein Sakrament. Im Sinn der Tradition könnte man auch überlegen, diese Benediktion mit der Jungfrauenweihe zu verbinden.[165] Bei Gemeinde- und Pastoralreferentinnen, wie auch beim Katholischen Deutschen Frauenbund löste diese Idee vor allem eins aus: Kopfschütteln. Denn – welche Frau sollte so etwas wollen? Was wäre damit

---

[163] Vgl. Dessoy 2012 (a), 97f.
[164] Vgl. Hennecke 2013, Dessoy 2013 (a).
[165] Vgl. Kasper 2013, 12.

gewonnen?

Es würde weder denen weiterhelfen, die sich die Priesterweihe wünschen, um uneingeschränkt Seelsorgerinnen sein zu können, damit sie z.B. Kranke salben und mit der Gemeinde als Priesterin Eucharistie feiern können, noch denen, die in den Führungsetagen von Kirche, gerade auch im pastoralen Bereich, Einfluss nehmen wollen auf eine zukunftsorientierte Kirchenentwicklung.

Es wäre kontraproduktiv, Frauen eine abgeschwächte Form der Weihe zuzugestehen, möglicherweise aus der pragmatischen Überlegung heraus, dass man sich dadurch noch etwas länger ihre ehrenamtliche und hauptberufliche Mitarbeit in Verkündigung und Diakonie und vielleicht noch ein bisschen in der Liturgie sichern könnte. Im Hinblick auf den von Prof. Margarete Gruber empfohlenen Konversionsprozess des hörenden Mitgehens mit dem Ziel, ein neues, befreites Gesicht von Kirche entstehen zu lassen[166], stellt die Idee von der Gemeindediakonin das krasse Gegenteil dar.

Führung ist verantwortlich für die Kultur, die in einer Organisation herrscht. Wenn Kirchenleitung will, dass sich Frauen auch in Zukunft in der Kirche engagieren und mit ihren Kompetenzen einbringen, wird sie die herrschende Kultur verändern und Frauen einen ebenbürtigen Zugang zur Macht im Sinne von Gestaltungsmacht ermöglichen müssen.

## 6.4. Kurz- und mittelfristige Einsatzfelder

Der Einsatz von theologisch bzw. religionspädagogisch qualifizierten Frauen als Führungs- und Leitungskräfte ist abhängig davon, wie sich die Kirche in Zukunft organisatorisch, d.h. Im Blick auf ihre Sozialgestalt und ihre Rollenarchitektur aufstellen wird. Innerhalb des derzeit kirchenrechtlich Möglichen wären bereits jetzt folgende Maßnahmen denkbar und umsetzbar.

## 6.4.1. Kurzfristige Maßnahmen

Einige Diözesen bzw. deren Bischöfe äußern sich bereits seit einigen Jahren dahingehend, dass sie Führungspositionen, die kirchenrechtlich keine Priesterweihe als Voraussetzung haben, verstärkt mit Frauen besetzen wollen. Bei den Interviewpartnerinnen, die eine Leitungsposition auf Bistumsebene innehaben, war die Stellenvergabe an eine Frau ganz gezielt vom jeweiligen Bischof so gewollt. Eine von ihnen hatte selbst schon lange Zeit vorher ihre grundsätzliche Bereitschaft dazu signalisiert. Aktives Handeln ist von beiden Seiten erforderlich. Wenn Bistumsleitungen die Entscheidung treffen, mehr Frauen in die Führungsetage hinein nehmen zu wollen, dann müssen sie auch konkret nach dafür

---

[166] Vgl. Gruber 2013, 10.

geeigneten Frauen Ausschau halten und mit diesen ins Gespräch kommen. Gleichzeitig sollten Frauen ihr Interesse deutlicher artikulieren als dies bisher oft der Fall ist und dabei auch Klartext reden, was notwendige Rahmenbedingungen wie z.B. familienfreundliche Arbeitszeiten oder Teilzeit anbelangt.

Zu prüfen wäre auch, ob bisher in der Regel von Priestern besetzte Stellen, wie beispielsweise die Leitung des pastoralen Personals einschließlich der Priester, nicht auch einer Frau übertragen werden könnte. Kirchenrechtlich steht dem nichts im Wege und in seltenen Fällen, wie z.B. in Innsbruck ist dies bereits der Fall.

Eine eher vorbereitende Maßnahme könnte darin bestehen, das Thema „Führen und Leiten" bereits zum Teil der Ausbildung pastoraler Berufe zu machen und dabei den Schwerpunkt weniger auf die klassische Amtsführung in den Pfarreien zu legen, sondern vielmehr Handwerkszeug vermitteln, um auf der Grundlage systemischen Denkens und Handelns Führung in einer lernenden Organisation wahrnehmen zu können.

### 6.4.2. Seelsorge und ihre Organisation in kleinen Organisationseinheiten

Die bisherige, auf volkskirchliche Bedingungen ausgerichtete und optimierte Sozialgestalt ist auf lange Sicht weder zu halten noch im Blick auf die Adressaten zielführend. Das ist auch den Verantwortlichen klar. Dennoch setzen die Diözesen weiter hinauf eine flächendeckende Versorgung mit Hauptamtlichen nach traditionellem Muster.

Abgesehen von der Sinnhaftigkeit eines solchen Vorgehens bietet das Kirchenrecht hier eine Option, die bislang kaum ausgeschöpft wurde: die Beauftragung von Gruppen oder Einzelpersonen zu Gemeindeleitern im Sinne des can. 517, 2 cic. Eine dementsprechende Beauftragung eines/einer PR oder GR bedeutet, einer Gemeinde, in Ermangelung eines Priesters, eine/n Hauptberufliche/n zur Verfügung zu stellen. Ein bemerkenswertes Ergebnis der Befragung ist, dass gerade an einer solchen Aufgabe viele Seelsorgerinnen interessiert sind. D.h.: wenn eine Diözese diesen Weg gehen will, dann wird sie derzeit viele pastoral qualifizierte Frauen finden, die dazu bereit sind, die Leitung eines solchen kleinen Pfarrei-Systems zu übernehmen und so noch eine Weile dafür zu sorgen, dass die klassisch traditionelle Sozialgestalt von Kirche aufrechterhalten werden kann.

Beide Gebiete für die sich die meisten Seelsorgerinnen finden würden – die Leitung eines spirituellen Zentrums oder eben die Leitung einer Pfarrei aufgrund von § 517, 2 cic -zeigen, dass Frauen sich am ehesten Führung im Nahbereich, also in unmittelbarer Kommunikation mit den Beteiligten vorstellen können. Wenn man mit bedenkt, dass die beliebtesten Zusatzqualifikationen Gesprächsführung und seelsorgerliche Begleitung sind, dann verwundert das auch nicht. Wenn man diesen Pfad konsequent weiterverfolgen will, dann würde es sich anbieten, den CIC daraufhin zu durchforsten, was diesen Beauftragten über das Bisherige hinaus noch übertragen werden kann – beispielsweise die Möglichkeit zu taufen und bei einer Trauung zu assistieren. Auch das ist prinzipiell möglich.

Die Beobachtung, dass viele pastorale Mitarbeiter/-innen sehr gerne als der oder die Seelsorger/-in für eine einzelne Pfarrei (also im Nahbereich) arbeiten würden, ist im Übrigen nicht frauentypisch, sie betrifft auch männliche Führungskräfte, insbesondere Kleriker, und sie hat etwas mit der bisherigen spezifischen Führungskultur in Kirche zu tun, die im Normalfall personalisiert abläuft und vor allem dadurch geprägt ist, direkt mit Mitarbeitern auf der Grundlage des Auftrags der Kirche (möglicherweise konkretisiert durch diözesane Schwerpunkte) Ziele zu vereinbaren und die Zusammenarbeit zu fördern.[167] Dieses Leitungsverständnis passt zu kleineren Einheiten und viele Mitarbeiter/-innen im territorialen Bereich wären schon äußerst dankbar, wenn diese erlernbaren Basiskompetenzen von Personalführung zum Repertoire ihres dienstvorgesetzten Pfarrers gehören würden.

Bei vielen der leitungsbereiten Frauen darf man davon ausgehen, dass sie das Geschäft der teamorientierten Führung von Mitarbeitern und Ehrenamtlichen beherrschen. Sie begegnen damit dem Kundeninteresse nach personaler Seelsorge und ritueller Lebensbegleitung vor Ort bzw. an bestimmten Auszeit-Orten. Wenn Kirche Führungspersonal im Nahraum braucht und sich dies finanziell auch leisten kann, dann wird sie unter Frauen viele kompetente Mitarbeiterinnen finden, die gerade solche Aufgaben gerne übernehmen werden. Fraglich ist allerdings, ob dies auf die nächsten Jahre und Jahrzehnte hin die Option ist, die Kirche weiterbringen wird. Fraglich ist auch, ob sie überhaupt die Mittel dafür hat.

### 6.4.3. Steuerung und Entwicklung in pastoralen Räumen

Folgt man den Experten (vgl. Kap. 2) braucht die Kirche dringend Führungspersonal, das in der Lage ist, große pastorale Räume zu steuern, Entwicklungsprozesse zu gestalten, Netzwerke aufzubauen und Projekte zu begleiten. Personal- und Organisationsentwicklung sind so miteinander zu verknüpfen, dass die Weitergabe des Evangeliums in Wort und Tat in sich permanent verändernden Kontexten gewährleistet ist.

Hier kommt eine andere Weise von Führung und Leitung ins Spiel, mit der sich hauptberufliche Mitarbeiter/-innen aller pastoralen Berufe, schwer tun. Gerade junge Priester und Priesteramtskandidaten möchten gerne persönlich begleitende Seelsorger sein, möchten sich individuell profilieren und befürchten

---

[167] Vgl. Berkel 2008, 77.

beim Thema 'Führen und Leiten', dass von ihnen verlangt wird, unpersönlich, distanziert und effizienzorientiert Managerfunktionen auszuüben.[168] Tatsächlich ist es so, dass die Leitung größerer Einheiten aus größerer Distanz erfolgt und die Fähigkeit erfordert, Kommunikation und Kooperation zielorientiert und effizient zu organisieren.[169] Anstelle von Gleichheit und Nähe braucht es in dieser Leitungsrolle darüber hinaus die Fähigkeit, Entwicklungsprozesse zu initiieren, zu konzeptionieren und zu begleiten. Es geht um eine institutionell-organisatorische Kompetenz, die über soziale und methodische Kompetenzen hinausgeht und einen sensiblen und klugen Umgang mit Macht erfordert.[170]

Gegenwärtig sind es vor allem Priester, die – ob sie wollen oder nicht – als Leiter großer Einheiten, wie „Seelsorgeeinheiten", „Gesamtkirchengemeinden", „Gemeinschaften von Gemeinden",„pastoralen Räumen" oder wie immer sie auch heißen, eingesetzt werden. Nur zum Teil werden sie dafür eigens qualifiziert. Bisweilen begegnen einem auch Priester, die sich diese Art von Leitung zu eigen gemacht haben und es auch können. Für viele jedoch entspricht eine solche Rolle nicht dem, weshalb sie sich für den Priesterberuf entschieden haben. Und viele sind einfach überfordert.

Betrachtet man die Ergebnisse der Befragung, so ist schon klar, dass sehr viel mehr Frauen sich für Leitungsaufgaben im direkten Kontakt mit den Menschen interessieren als für das Management eines großen pastoralen Raumes. Dennoch könnten sich ca. 16% der Befragten auch eine solche Führungsposition vorstellen. Das ist ein Potential, mit dem die Diözesen arbeiten könnten. Wenn neben Priestern auch nichtgeweihte Theologen/-innen und Religionspädagogen/-innen für solche, u.U. geschäftsführenden Leitungsaufgaben qualifiziert und eingesetzt würden, dann wäre, stärker als zum momentanen Zeitpunkt, professionelle Arbeit auf dieser mittleren Ebene gewährleistet. Eine Frau als Vorgesetzte wäre sicher für manche Priester gewöhnungsbedürftig, für andere wohl aber auch schlicht eine Entlastung.

In der Befragung haben viele Frauen als stärkstes Motiv benannt, dass sie die Zukunft von Kirche gestalten und verändern wollen. Sinnvoll wäre es deshalb, in Aus- und Fortbildung fundiertes Wissen und praxisnahe Kompetenzen im OE-Bereich zu vermitteln und zu trainieren und so den Führungswillen und die Aufstiegskompetenz von Frauen zu fördern. In der Folge könnte man ihnen (wie selbstverständlich auch männlichen Nicht-Klerikern) die Geschäftsführung größerer pastoraler Räume und die Verantwortung zur Steuerung und Entwicklung übertragen. Es wäre gewährleistet, dass es sich bei diesen Geschäftsführern/-innen um theologisch und pastoral ausgebildetes Personal handelt, so dass nicht nur organisatorisch-betriebswirtschaftliche, sondern sicher ebenso pastorale

---

[168] Vgl. ebd., 75.
[169] Vgl. ebd., 77.
[170] Vgl. Berkel 2008, 78.

Aspekte bei Entscheidungen eine Rolle spielen würden.

Bei aller Zurückhaltung im Hinblick auf Pauschalzuschreibungen, was die Kompetenzen und Interessen von Männern und Frauen in Führungspositionen anbelangt, sagen die befragten Seelsorgerinnen, dass ihrer Erfahrung nach Frauen auf der einen Seite eher auf Schwingungen im Raum achten, deutlicher Emotionen wahrnehmen und mit Nachdruck Teamarbeit fördern. Auf der anderen Seite legen Frauen in der Selbstwahrnehmung keinen großen Wert darauf, die Hauptrolle zu spielen und Statussymbole zu pflegen. Passt das zu einer Leitungsposition, die Distanz erfordert und bei der eine Institution und nicht der einzelne Mensch zu führen ist?

Ja, es passt sogar sehr gut. Am erfolgreichsten führen, gerade auf große Einheiten hin, die Menschen, denen es nicht darum geht, im Mittelpunkt zu stehen, ihre Macht zu demonstrieren und das dickste Auto zu haben, sondern bei denen diejenigen, die im unmittelbaren Kontakt mit ihnen arbeiten, wie auch die, die direkt kaum mit ihnen zu tun haben, sich darauf verlassen können, dass der oder die Leiter/-in zuverlässig wahrnimmt, was geschieht, und verantwortungsvoll Kommunikation und Kooperation, konstruktive Konfliktlösung, permanentes Lernen, Experimentieren und Reflektieren ermöglicht – ohne den Auftrag und die Ziele aus den Augen zu verlieren.

# Resümee
# Stolz darauf, in der Kirche zu arbeiten

Eine beliebte Frage von Berater/innen lautet: „Woran würde eine am Gesamtgeschehen unbeteiligte Person merken, dass sich bei Ihnen etwas verändert hat?" Merken könnte man es z.B. daran, dass kirchliche Mitarbeiterinnen auf die Frage: „Ist ihr Unternehmen vorbildlich und sind Sie stolz darauf, dort mitarbeiten zu können?" die Antwort geben würden, die eine der Interviewpartnerinnen aus der Führungsetage der Marienhaustiftung lachend gegeben hat: „Ja, natürlich!"

Wir werden sehen...

# Abkürzungsverzeichnis

| | |
|---|---|
| CIC | codex iuris canonici |
| DBK | Deutsche Bischofskonferenz |
| e.D. | eigene Darstellung |
| EG | Entgeltgruppe |
| FA | Fachakademie |
| FH | Fachhochschule |
| FK | Fernkurs |
| GR | Gemeindereferent/in |
| HS | Hochschule |
| k.A. | keine Angabe |
| Lk | Evangelium nach Lukas |
| MA | Mitarbeiter/in |
| OE | Organisationsentwicklung |
| o.g. | oben genannt |
| PE | Personalentwicklung |
| PR | Pastoralreferent/in |
| Röm | Brief an die Römer |
| SPSS | Statistical Package for Social Sciences |
| u.a. | unter anderem |
| z.B. | zum Beispiel |
| ZDK | Zentralkomitee der deutschen Katholiken |

# Abbildungsverzeichnis

Abbildung 1:   Managerial Grid Modell
Abbildung 2:   Personalmanagementmodell
Abbildung 3:   Verteilung der Befragten nach Berufsgruppen
Abbildung 4:   Alter der Befragten
Abbildung 5:   Beschäftigungszeit der Befragten in Jahren
Abbildung 6:   Befragte nach Diözesen
Abbildung 7:   Studienabschluss der Befragten
Abbildung 8:   Berufsgruppen nach Einsatzort Territorium
Abbildung 9:   Führungs- und Leitungserfahrung nach Berufsgruppen
Abbildung 10:  Führungs- und Leitungserfahrung nach Einsatzort
Abbildung 11:  Befragte in Dienstvorgesetztenfunktion - Führungsspanne
Abbildung 12:  'Brav sein' nach Altersklassen
Abbildung 13:  'Unterordnung' nach Berufsgruppen
Abbildung 14:  Weiblich bleiben
Abbildung 15:  Argumentation der Kirchenleitung ist peinlich

# Tabellenverzeichnis

Tabelle 1:     Erfahrung, Kompetenz und Interesse an Führung und Leitung
Tabelle 2:     Bevorzugte Führungsaufgaben
Tabelle 3:     Motivation
Tabelle 4:     Chancen auf Führungspositionen in der Kirche
Tabelle 5:     Geschlechtsspezifische Eigenschaften in Führungspositionen
Tabelle 6:     Was es Frauen schwer macht
Tabelle 7:     Gleichberechtigung Mann/Frau
Tabelle 8:     Agieren in Führungspositionen
Tabelle 9:     Möglichkeiten, den Frauenanteil zu erhöhen

# Literaturverzeichnis

Bender, C., Graßl, H., Motzkau, H., Schuhmacher, J., Machen Frauen Kirche? Erwerbsarbeit in der organisierten Religion, Mainz 1996.

Berkel, K., Führen und leiten in der Kirche, in: Lebendige Seelsorge 2/2008.

Bogner, M., „Die eigenen Fähigkeiten einbringen dürfen", in: Herder Korrespondenz, Dossier 1/2008, 15ff.

Bucher, R., ...wenn nichts bleibt, wie es war. Zur prekären Zukunft der katholischen Kirche, Würzburg 2012.

Busch, A., Holst, E., Führungskräftemonitor 2010. Deutsches Institut für Wirtschaftsforschung, Berlin 2010.

Codex Iuris Canonici – Kodex des kanonischen Rechtes. In der Fassung des MP „Omnium in Mentem" vom 26. Oktober 2009. URL: http://home.ar cor.de/katholisches-kirchenrecht/cic_dt.pdf (10.01.2013).

Dautzenberg, G., Merklein, H., Müller, K.(Hrsg.), Die Frau im Urchristentum, Freiburg 1983.

Demel, S., Frauen und kirchliches Amt. Vom Ende eines Tabus in der katholischen Kirche, Freiburg 2004.

Demel, S., Frauen und kirchliches Amt. Grundlagen – Grenzen – Möglichkeiten, Freiburg 2012 (a).

Demel, S., Frauendiakonat als Endstation – Weiterdenken verboten?, in: Theologie und Glaube 102, 2/2012, 275ff. (b).

Dessoy, V., Kirche könnte gehen, in: C. Hennecke, D. Tewes, G. Viecens (Hrsg.), Kirche geht... Die Dynamik lokaler Kirchenentwicklung, Würzburg 2013, 23-42 (a).

Dessoy, V., Lokale Kirchenentwicklung und sozialräumliche Pastoral. Editorial, in: futur2, http://www.futur2.org/editorial/lokale-kirchenentwicklung-und-sozialr%C3%A4umliche-pastoral (05.08.2013) (b).

Dessoy, V., Organisationskultur und Innovation, in: V. Dessoy, G. Lames (Hrsg.), „Siehe, ich mache alles neu" (Off 21,5). Innovation als strategische Herausforderung in Kirche und Gesellschaft, Trier 2012, 84-104 (a).

Dessoy, V., Wie Kirche zu einer lernenden Organisation werden kann, in: Lebendige Seelsorge, 63. Jahrgang, 4/2012, 243-247 (b).

Dessoy, V., Kirche in Zukunft führen und leiten, in: V. Dessoy, G. Lames (Hrsg.), „...und siehe, ich bin bei euch alle Tage bis an der Welt Ende!" (Mt 28,20). Zukunft offen halten und Wandel gestalten. Strategisches Denken und Handeln in der Kirche, Trier 2010, 202-225 (a).

Dessoy, V., Die Reform reformieren. Wie Kirche lernen kann, strategisch zu denken und prozesshaft zu handeln, in: Diakonia 1/2010, 65-68 (b).

Dessoy, V., Wir sind dann mal weg. Zur langfristigen beruflichen Perspektive von Laien in der Pastoral, in: das magazin 2/2007, 2-7.

Die Deutschen Bischöfe, Katholische Kirche in Deutschland. Zahlen und Fakten 2011/2012, Arbeitshilfe 257, Bonn 2012, URL: http://www.dbk-shop.de/media/files_public/cqxxbkgk/DBK_5257.pdf (10.01.2013).

Die Deutschen Bischöfe, Rahmenstatuten und -ordnungen für Gemeinde- und Pastoral-Referenten/Referentinnen, Bonn 2011.

Die Deutschen Bischöfe, Zu Fragen der Stellung der Frau in Kirche und Gesellschaft, Sekretariat der DBK, Bonn 1981.

Deutsche Bischofskonferenz. Aktuelle Zahlen zu Frauen in Leitungspositionen in den Generalvikariaten/Ordinariaten der deutschen (Erz-) Bistümer, Pressemitteilung 036e, 2013, URL: http://www.dbk.de/fileadmin/redaktion/diverse_downloads/presse_2012/2013-036e-Pressegespraech-Studientag-FVV-Trier_Zahlen-Frauen-Leitungspositionen.Pdf (24.02.2013).

Die Heilige Schrift. Einheitsübersetzung, Stuttgart 1981.

Funken, C., Managerinnen 50 plus – Karrierekorrekturen erfolgreicher Frauen in der Lebensmitte. Broschüre des Ministeriums für Familie, Senioren, Frauen und Jugend, Berlin 2011.

Gruber, M., Frau, dein Glaube ist groß. Ermutigung zu einer Konversio. Deutsche Bischofskonferenz, Pressemitteilung 036a, 2013, URL: http://www.dbk.de/fileadmin/redaktion/diverse_downloads/presse_2012/2013-036a-Pressegespraech-Studientag-FVV-Trier_Vortrag-Sr-Gruber.pdf (24.02.2013).

Elprana, G., Gatzka, M., Stiehl, S., Felfe, J., Führungsmotivation im Geschlechtervergleich. Aktuelle Ergebnisse aus dem Forschungsprojekt Mai 2009 bis Februar 2011, URL: http://www.career-women.org/dateien/dateien/fm_ergebnisse_2009_2011.pdf (02.12.2011)

Hennecke, C., Was meint lokale Kirchenentwicklung – ein theologischer Werkstattbericht, in: C. Hennecke, D. Tewes, G Viecens (Hrsg.), Kirche geht... Die Dynamik lokaler Kirchenentwicklung, Würzburg 2013, 109-133.

Holst, E., Busch, A., Führungskräftemonitor 2010, Berlin 2010. URL: http://www.diw.de/documents/publikationen/73/diw_01.c.358490.de/diwkompakt_2010-056.pdf (02.12.2012).

Gabler Verlag (Hrsg.), Gabler Wirtschaftslexikon, Stichwort: Managerial Grid, URL: http://wirtschaftslexikon.gabler.de/Archiv/85866/managerial-grid-v6.html (08.01.2013).

Gesis.org, http://www.gesis.org/cews/fileadmin/cews/www/statistiken/ 01_t.gif (08.01.2013).

Gmür, M., Thommen, J-P., Human Ressource Management. Strategien und Instrumente für Führungskräfte und das Personalmanagement in 13 Bausteinen, Zürich 2011.

Grundgesetz für die Bundesrepublik Deutschland (GG) (Auszug),in: Arbeitsgesetze, München $^{81}$2012.

Henn, M., Die Kunst des Aufstiegs. Was Frauen in Führungspositionen kennzeichnet, Frankfurt $^2$2012.

Hobelsberger, H., GemeindereferentInnen als Akteure professioneller Pastoral, in: Lebendige Seelsorge 3/2012, 154ff.

Kasper, W., Vortrag zum Studientag „Das Zusammenwirken von Frauen und Männern im Dienst und Leben der Kirche", Deutsche Bischofskonferenz, Pressemitteilung 035, URL: http://www.dbk.de/fileadmin/redaktion/ diverse_downloads/presse_2012/2013-035-Studientag-FVV-Trier_Vortrag-K-Kasper.pdf(24.02.2013).

Hochschild, M., Beobachtungen der Kirche I, Münster 2002.

Kessel, B., Kugele, J., Die Welt anhalten. Das Wirken von Managern und Beratern im Dienste der DNA von Organisationen, in: OrganisationsEntwicklung 4/2012, 29ff.

Keul, H. (Hrsg.), Führen im Ehrenamt – Frauenperspektiven, Dokumentation der Fachtagung der Deutschen Bischofskonferenz, Bonn 2009.

Kirchler, E. (Hrsg.), Arbeits- und Organisationspsychologie, Wien $^2$2008.

Küng, H., Die Frau im Christentum, München $^6$Auflage 2012.

Lerner, G., Die Entstehung des feministischen Bewusstseins. Vom Mittelalter bis zur ersten Frauenbewegung, Frankfurt/Main 1995.

Magar, E.-M., Innovation ist weiblich, in: Thomas Morus Akademie Journal 1/2012), 2f.

Mitschke-Collande, T.v., Schafft sich die katholische Kirche ab? Analysen & Fakten eines Unternehmensberaters, München 2012.

Ordinatio sacerdotalis. Apostolisches Lehrschreiben von Papst Johannes Paul II, 1994,URL:http://www.vatican.va/holy_father/john_paul_ii/apost_letters/documents/hf_jp-ii_apl_22051994_ordinatio-sacerdotalis_ge.html (02.12.2012).

Pospichal, E., Erziehung zur Gleichstellung von Männern und Frauen. Wien, $^2$2011.

Qualbrink, A., Fordern und Fördern. Frauen in kirchlichen Leitungs-positionen. 2011, von der Autorin zur Verfügung gestellt, leicht gekürzt veröffentlicht in: Herder-Korrespondenz 9/2011.

# Literaturverzeichnis

Reinhardt, R., Strategisches Human Ressource Management, SRH Studienbrief 0578-03, ³2009.

Schumacher, J., Warum die Frau in der katholischen Kirche nicht Amtsträger sein kann, Vortrag am 5. August 2003, URL: .http://www. theologie-heute.de/Frauenpriestertum.pdf (25.03.2012)

Sprenger, R., Gut aufgestellt. Fußballstrategien für Manager. Frankfurt 2010.

Schrappe, C., Personalentwicklung im Bereich Seelsorgepersonal: Ein Schlüsselinstrument zur Gestaltung einer zukunftsfähigen Kirche, Würzburg 2012.

Schwarz, F., Wirtschaftsimperium Kirche. Der mächtigste Konzern Deutschlands, Frankfurt 2005.

Sellmann, M., Graue Mäuse – komische Käuze. In: Herder-Korrespondenz Spezial. Freiburg. 2009. S. 44ff

Stippler, M., Moore, S., Rosenthal, S., Dörffer, T., Führung. Ansätze – Entwicklungen – Trends. Teil 1. Gütersloh. 2011, URL: http://www. bertelsmann-stiftung.de/cps/rde/xbcr/SID-686C4FFC-2F23F403/bst/xcms_bst_dms_32941__2.pdf (07.01.2013).

Stippler, M., Moore, S., Rosenthal, S., Dörffer, T., Führung. Ansätze – Entwicklungen – Trends. Teil 2. Gütersloh. 2011, URL: http://www. bertelsmannstiftung.de/cps/rde/xbcr/SID-686C4FFC-2F23F403/bst/xcms_bst_dms_32943__2.pdf (07.01.2013).

Weitbrecht, S., Bildung als Bürgerrecht. Studentinnen nutzen die Öffnung der Hochschulen. Tübingen. 2005. URL: http://www.uni-tuebingen.de/ frauenstudium/daten/ueberblick/hist-ueberblick_Buergerrecht.pdf (08.01.2013).

Zinkl, G., Zwischen Heilssakrament und Management. Die Ämterstruktur der katholischen Kirche aus der Perspektive des Kirchenrechts und der Organisationslehre, Regensburg 2011, URL: http://epub.uni-regensburg.de/ 20713/1/Dissertation-ZINKL.pdf(01.12.2012).

Vatikanisches Konzil, Konstitution über die Kirche „Lumen Gentium". 1965, URL: http://www.bistum-regensburg.de/download/borMedia 0247 205. PDF (01.12.2012).